Massimo Lapponi

Per un rinnovamento della teologia

Massimo Lapponi

Per un rinnovamento della teologia

Il mistero di Cristo e di Maria illumina tutta la vita del mondo

Edizioni Sant'Antonio

Cover image: www.ingimage.com

Publisher:
Edizioni Accademiche Italiane
is a trademark of
Dodo Books Indian Ocean Ltd., member of the OmniScriptum S.R.L Publishing group
str. A.Russo 15, of. 61, Chisinau-2068, Republic of Moldova Europe
Printed at: see last page
ISBN: 978-613-8-39434-1

TABLE OF CONTENTS

DON MASSIMO LAPPONI
PER UN RINNOVAMENTO DELLA TEOLOGIA

PER UN RINNOVAMENTO DELLA TEOLOGIA

Il presente lavoro comprende una serie di articoli scritti in un periodo di molti mesi per il blog online “Rinnovamento benedettino”. Lo scopo di questi articoli era di approfondire alcuni punti essenziali già trattati soprattutto in un lavoro di più ampio respiro dal titolo simile:
“Per una teologia rinnovata” - vedi: https://massimolapponi.wordpress.com/per-una-teologia-rinnovata-saggio teologico/ e in forma cartacea, vedi: https://www.edizioni-santantonio.com/catalog/details/store/cn/book/978-613-8-39096-1/per-una-teologia-rinnovata?search=lapponi - e di raggiungere una visione sapienziale unitaria, capace di assimilare all’ispirazione teologica che anima da sempre la vita della Chiesa gli elementi portanti dell’esistenza e della storia umana, e in particolare le questioni più cruciali e drammatiche che la Chiesa e la società si trovano ad affrontare in questo momento storico.
Il piano di questo lavoro, inizialmente appena abbozzato, si è andato precisando, e anche rinnovando, nel corso della sua realizzazione, in modo particolare nelle sue ultime parti. Come sempre, ogni affermazione viene sottoposta al giudizio autorevole della Chiesa.

INTRODUZIONE

In alcuni articoli, pubblicati recentemente, si è cercato di evidenziare la necessità di una teologia con alcuni tratti fondamentali, che possiamo riassumere nei sei punti seguenti:

1. la teologia, come suo carattere sostanziale, non deve essere soltanto teorica, ovvero la relazione tra la sua funzione teorica e la sua funzione pratica dovrebbe essere assai più stretta, e qualitativamente diversa, rispetto a come essa viene generalmente presentata
2. il carattere auspicato, di sostanziale interdipendenza tra la teoria e la sua influenza concreta sulla vita umana, necessariamente dovrebbe comportare un profondo rinnovamento della catechesi
3. dalla stessa fonte da cui si vuol far nascere una rinnovata catechesi dovrebbe scaturire una rinnovata e creativa azione apostolica
4. gli ambiti privilegiati di questa rinnovata azione catechetica ed apostolica dovrebbero essere la famiglia e la parrocchia, e, in una prospettiva ulteriore, la scuola e la società
5. l'ambito privilegiato in cui il rinnovamento teorico-pratico della teologia dovrebbe manifestarsi, e attraveso il quale essa dovrebbe poi irradiarsi nella sfera familiare, scolastica e sociale, è la vita consacrata, anche e "in primis" nella sua forma claustrale - e ciò implica le necessità di un rinnovamento della vita religiosa e monastica
6. come appare ovvio, la prospettiva di questa teologia rinnovata non sarebbe semplicmente di ottenere consensi da parte dei teologi di professione, ma di dare nuova vita al popolo di Dio, perché esso possa rafforzarsi, espandersi e perpeturasi nelle future generazioni

Posto che questi siano i caratteri richiesti da un rinnovamento della teologia, dobbiamo chiederci se è possibile trovare un criterio unitario che faccia come da punto di convergenza delle istanze - certamente distinte tra loro - dogmatiche, morali, catechetiche e sociali. Questo punto di convergenza sembra mancare, o non essere sufficientemente esplicitato, sia nella teologia classica, sia in quella progressista che ad essa si oppone. La teologia classica, almeno nella sua forma più diffusa, proponeva in prima istanza un discorso centrale su Dio, quale libero Creatore, autosufficiente in se stesso nella sua natura trinitaria. Un discorso distinto riguardava la morale, e quindi la legge divina e il peccato. Interveniva, poi, il mistero della salvezza, ottenuta attraverso l'incarnazione e soprattutto la passione, morte e resurrezione di Cristo, con un accento particolare sulla passione e morte ed il loro carattere di espiazione per il peccato. La prospettiva sostanziale

della salvezza operata da Cristo era la vita eterna di là dalla morte. A questa teologia classica in tempi relativamente recenti si è opposta una corrente fortemente critica, la quale ha rilevato sostanzialmente, in detta teologia, il difetto di porre al centro del proprio interesse il peccato come offesa a Dio e la salvezza delle anime individuali in una vita ultraterrena, trascurando l'offesa fatta all'uomo, e perciò le ingiustizie della società e delle sue strutture classiste, nazionaliste e razziste, e la salvezza come liberazione terrena dalle medesime.
Sulla base di queste accuse, la teologia progressista, nelle sue varie forme, ha voluto sostituire alla purificazione dal peccato la rivoluzione contro le ingiustizie della società e alla salvezza personale ultraterrena la salvezza come collettiva emancipazione dalle medesime. La rivoluzione in un primo tempo si poneva soprattuto sul piano politico, per spostarsi poi sempre più sul terreno morale, opponendo alla morale tradizionale la rivendicazione dei "diritti" di varie categorie che richiedevano la loro "liberazione" da condanne e discriminazioni sociali - le donne, le unioni "irregolari", gli omosessuali, gli immigrati etc.In questa prospettiva la persona di Cristo non era più vista - almeno nella pratica - come "Figlio di Dio" che ci ha redenti dal peccato con il valore divino del suo sacrificio, ma come ideale umano di amore incondizionato verso tutti, e quindi come liberatore dalle ingiustizie attraverso la rivoluzione socio-politica o morale.
Come abbiamo già accennato, nell'una e nell'altra prospettiva non sembra sufficientemente evidenziato un punto di convergenza che permetta un discorso teologico unitario, pur nella distinzione dei diversi ambiti in cui esso si articola.
Diciamo subito che il rinnovamento della teologia che qui si persegue si pone in continuazione sostanziale con la teologia classica, ma nello stesso tempo intende recepire quanto vi è di valido nelle istanze della teologia progressista, mostrando che ad esse si può efficacemente rispondere non stravolgendo i misteri del cristianesimo, ma ripensandoli in una luce nuova, che ne evidenzi, più e meglio di quanto non sia stato fatto in passato, l'inesauribile fecondità per la vita del mondo.E la via maestra per raggiungere un così auspicabile risultato appare essere proprio il ritrovamento di quel principio unitario di cui si è segnalata la necessità e di cui non si può non avvertire dolorosamente l'assenza.

I

Qualche anno fa ebbi occasione di assistere ad esternazioni estremamente ostili nei confronti dell'allora regnante Papa Benedetto XVI da parte di un religioso non privo di istruzione, il quale sembrava, con la sua violenta e irriducibile arroganza, possedere un dono di infallibilità assai più consistente ed esteso di quello che la tradizione dogmatica attribuisce ai successori di Pietro.

Ma quanto poco egli fosse infallibile lo dimostra il fatto che, per sostenere i suoi argomenti, aveva citato in modo erroneo il famoso libro-intervista di Vittorio Messori al Cardinal Ratzinger, "Rapporto sulla fede" (1984). Egli, infatti, attribuiva arbitrariamente al Ratzinger un giudizio negativo sul Concilio Vaticano II, in quanto detto concilio avrebbe diminuito il senso della trascendenza di Dio. La conclusione che il nostro amico traeva da questa premessa - come ho accennato, erronea - era che: "Dunque vogliamo essere monofisiti?"Accenno appena al fatto che, poco portato alla polemica e sempre attento a non fare affermazioni non documentate, sul momento mi limitai ad esprimere timidamente un dubbio e soltanto più tardi, dopo aver consultato il testo di Messori-Ratzinger, copiai le esatte parole del cardinale, che, al contrario di quanto affermato dal religioso contestatore, difendeva il Concilio contro le critice di conservatori e progressisti, le inviai via email all'interessato e lo invitai garbatamente a ritrattare pubblicamente le sue affermazioni erronee, come pubblicamente, e con assai poca moderazione, esse erano state fatte. Ovviamente non ricevetti nessuna risposta.

Ciò che soprattutto merita attenzione in questo episodio è l'attribuzione, fatta da un rappresentate ben preparato del progressismo teologico, ad una teologia presentata come conservatrice e anticonciliare della qualifica di "monofisita".

Colpito da questa singolare attribuzione, senza capirne al momento i motivi, vi ho riflettuto per molti anni e credo, infine, di essere giunto a qualche conclusione interessante.

A giudizio di un certo diffuso progressismo, una teologia che accentui soprattutto la trascendenza di Dio finisce per vanificare il senso del mistero dell'incarnazione. Il centro della nostra fede è la novità assoluta del Dio fatto uomo, e quindi tutto il senso della rivoluzione cristiana dovrebbe convergere verso questa umanizzazione di Dio.

Se, invece, si pretende ancora di far gravitare la fede cristiana verso il Dio trascendente, l'Uomo-Dio Gesù Cristo diviene un semplice riflesso della divinità, che rimane nel cielo, e la sua umanizzazione non è che una realtà astratta, oggetto di contemplazione, ma sterile come fermento per la vita del mondo. Ciò giustifica l'accusa di "monofisismo". In questa concezione, infatti, Cristo non sarebbe

propriamente uomo, ma una natura umano-divina estranea alla vita dell'uomo reale, e quindi fuori dal suo mondo.
A questa severa critica della teologia "tradizionale" si deve, per prima cosa, obiettare che il punto di riferimento sostanziale di detta teologia è il Conciclio di Calcedonia, il quale condannò proprio quella eresia monofisita che ora i progressisti pretendono di attribuirle. Ed è, anzi, interessante il fatto che generalmente i progressisti non hanno simpatia per i concili del IV e del V secolo, e per Calcedonia in particolare.
Quale è, dunque, il senso di queste accuse?
Che cosa, di fatto, esse nascondono? Il tentativo di metterlo in luce porterà a scoperte del massimo interesse.Se ci chiediamo quale sia l'ispirazione che ha spinto tanta parte del pensiero cristiano della seconda metà del XX secolo ad enfatizzare il ruolo del cristianesimo quale fermento per la vita del mondo, la risposta non è difficile: la celebre XI tesi di Marx su Feuerbach: «I filosofi hanno solo interpretato il mondo in modi diversi; si tratta però di mutarlo».Secondo questa concezione, speculazione e contemplazione sono sterili, mentre ciò che conta è l'azione sul mondo. Per chi, dunque, è affascinato da questa dottrina, non conta più l'"ortodossia", bensì soltanto l'"ortoprassi".
Fin qui non si è detto nulla di originale. Ma la cosa cambia aspetto se un maggiore approfondimento della dottrina di Marx ci porta a scoprire che essa ha un'origine teologica e che quella stessa origine riappare, come un fiume carsico che ritorna alla luce dopo un percorso sotterraneo, nella teologia progressita, senza, però, che ve ne sia coscienza.Nonostante il tentativo di autori come Althusser, che hanno cercato di separare nettamente il Marx maturo da Hegel, rimane rigorosamente confermato che Marx rientra pienamente e senza ripensamenti nella tradizione hegeliana e che la sua riforma dell'hegelismo ne rappresenta una delle correnti più feconde e geniali. Ma se questo è vero, e se è vero che Hegel era propriamente un teologo, e che, a suo stesso dire, la sua filosofia non vuole essere altro che un'esplicitazione del mistero cristiano della Trinità, la conclusione è che non è possibile capire Marx senza far riferimento alla teologia cristiana.
I teologi progressisti sono partiti dall'affermazione della supremazia della prassi sulla teoria per giungere a vedere in Cristo sostanzialmente solo il fermento per la vita del mondo e per accusare di monofisismo chi non li segue in questo loro "prassismo", ma non si sono accorti che Marx era giunto all'affermazione della supremazia della prassi sulla teoria proprio partendo dalla dottrina hegeliana sull'incarnazione quale "Venerdì Santo speculativo", quale, cioè, estinzione del Dio trascendente e "risurrezione" della divinità nello spirito umano grazie alla presenza di Cristo incarnato nella vita del mondo.È proprio questa la teologia che è stata inconsapevolmente ritrovata dal progressismo degli ultimi decenni, e se

essa si oppone ad un preteso “monofisismo”, certamente, tuttavia, non costituisce un ritorno a Calcedonia! Cosa significa, dunque? A cosa va incontro e quale strada ci indica? Lasciamo ora da parte le legittime critiche, da cui questa concezione non è certamente immune. Se una cosa essa ci può insegnare, è che il principio unitario di cui avvertivamo dolorosamente l’assenza nella teologia può essere uno solo: il mistero dell’incarnazione, che Hegel ha genialmente posto al centro della vita del mondo, ma che, tuttavia, lungi dal dover essere ricondotto ad un preteso “Venerdì Santo speculativo”, deve essere invece ricollocato nella luce intramontabile di Calcedonia.

II

Abbiamo detto che il mistero dell'incarnazione, rivisitato nella prospettiva della teologia "eretica" di Hegel, una volta che questa sia stata ricondotta nella luce ortodossa di Calcedonia, può offrire quella visione unitaria della dogmatica, della morale, della soteriologia, dell'escatologia di cui abbiamo lamentato la non sufficiente presenza nella teologia classica.
Questa affermazione potrà sembrare piuttosto singolare. Essa ha, tuttavia, un precedente autorevole nel grande teologo russo, discepolo di Dostoievskij in seguito convertito al cattolicesimo, Vladimir Solov'ëv (1853-1900). Egli, infatti, seppe intuire la straordinaria fecondità dell'interpretazione del cristianesimo presente nell'idealismo tedesco, in particolare in Schelling e in Hegel, una volta che, riaffermata la coesistenza in Cristo del vero Dio trascendente e del vero uomo, secondo la dottrina calcedonese, essa fosse stata svincolata dalla concezione immanentista propria di quelle filosofie.
L'attualità della visione teologica di Solov'ëv risulta anche dal fatto che, per il suo geniale ripensamento del mistero dell'incarnazione alla luce dell'idealismo, egli fu stimolato da quella sinistra hegeliana che vede in Marx il suo più autorevole rappresentante e alla quale egli si era accostato durante il breve periodo del suo giovanile ateismo. Possiamo, anzi, dire che in un certo senso il suo discorso è parallelo a quello di Marx, in quanto anch'egli riprende il concetto hegeliano dell'incarnazione del divino nello spirito umano e della sua fecondità nella storia del mondo, ma, battendo in breccia l'insuperabile contraddizione presente nell'immenentismo di Hegel e nella sua posterità, riafferma il Dio trascendente dell'ortodossia cristiana, coesistente, come la divinità e l'umanità nel Cristo calcedonese, con la sua presenza nel mondo.
Si potrebbe affermare che, come in Solov'ëv vi fu un definitivo superamento del marxismo - se pure al suo tempo non avvertito - in modo analogo la ripresa dell'intuizione centrale del suo pensiero potrebbe costituire il fondamento per un superamento definitivo della teologia progressista, che, come abbiamo visto, si ispira, consapevolmente o inconsapevolmente, a concetti maxiani.
Ma procediamo con ordine.
Scrive Solov'ëv che l'incarnazione non è «un miracolo nel senso volgare». Cosa intende dire con questo? L'incarnazione non è un fatto che scoppia improvviso e impreparato nella storia del mondo e che, una volta adempiuta la sua funzione di rimedio per il peccato, potrebbe sembrare non aver più una ragion d'essere. Al contrario, l'incarnazione è il punto di arrivo di tutta la storia del mondo, che ad essa dà il suo vero significato, e nello stesso tempo è il punto di partenza che ne condiziona il futuro e l'ultimo destino.

L'idealismo di Schelling e di Hegel, in modi diversi, aveva presentato l'origine del mondo non come un atto propriamente di creazione, bensì come l'alienarsi della divinità nella natura incosciente, per poi a poco a poco riprendere coscienza di sé nella storia dell'uomo, fino alla pienezza raggiunta con l'incarnazione e destinata ad animare in modo nuovo la vita del mondo per il suo ulteriore indefinito sviluppo.Una volta ristabilita la trascendenza assoluta di Dio, Salov'ëv modifica la concezione idelistica, presentando il mondo come vera creazione, la quale, tuttavia, in analogia con l'idealismo, rispecchia, nella sua storia, la divinità, e, nella sua evoluzione, tende a riprodurla in modo sempre più perfetto. L'incarnazione, dunque, viene ad essere il culmine di questo movimento della storia e nello stesso tempo il nuovo fermento divino nella vita del mondo. L'incarnazione, infatti, non si limita alla persona di Cristo, ma si prolunga nei due principi che animano la storia: il principio divino, rappresentato dalla Chiesa, e il principio umano, rappresentato dallo stato. Nella loro azione convergente i due principi devono realizzare in modo sempre più perfetto, nello sviluppo del mondo, la divino-umanità inaugurata da Cristo con l'incarnazione.

A questo punto, però, vorremmo distaccarci un po' da Solov'ëv per sviluppare una aspetto che egli non ha affatto ignorato, ma che preferiamo approfondire in modo indipendente e in qualche misura originale.

Per prima cosa chiediamoci: la Sacra Scrittura offre elementi che confermino la visione del teologo russo? Come vedremo subito, la risposta è senza dubbio affermativa e, nello stesso tempo, essa suggerisce una nuova via di ricerca.

Nel Vangelo di Luca, Cristo viene presentato come Figlio di Dio da due punti di vista diversi. Quello prevalente nella coscienza comune appare nella pagina dell'annunciazione. «Lo Spirito Santo scenderà su di te» dice l'angelo a Maria, «su te stenderà la sua ombra la potenza dell'Altissimo. Colui che nascerà sarà dunque santo e chiamato Figlio di Dio» (Lc 1, 35).

In questo testo si afferma che Cristo è Figlio di Dio perché non è stato generato dall'uomo, bensì dallo Spirito Santo.

Ma vi è un altro testo lucano, che ha assai meno attirato l'attenzione: la genealogia di Cristo presente nel terzo capitolo dello stesso Vangelo. Essa segue l'ordine cronologico inverso e da Giuseppe risale fino ad Adamo, che, non avendo un genitore umano, è detto «figlio di Dio» (Lc 3, 38).

Perché questa ultima precisazione, se non per confermare, da un punto di vista diverso, che Cristo è veramente il «Figlio di Dio»? Dunque, contrariamente a quanto affermato nel testo precedente, qui Cristo è figlio di Dio proprio in quanto è figlio dell'uomo, poiché il primo uomo, da cui tutti discendono, è presentato come «figlio di Dio».Questa circostanza, generalmente poco osservata, apre orizzonti vastissimi e immensamente suggestivi.Osserviamo che, propriamente,

Cristo non è figlio di Giuseppe, e tuttavia ciò non lo esclude dalla discendenza di Adamo, perché tutta la discendenza umana è figlia di Adamo, e quindi anche Maria, madre di Gesù. Cosa vuol, dire questo? Che, se Adamo è in qualche modo figlio di Dio e questo suo carattere si prolunga nella sua discendenza fino a collaborare, insieme all'intervento dello Spirito Santo, a conferire la vera figliolanza divina a Cristo, ciò significa che nella generazione umana vi è un mistero divino.Dobbiamo confessare che la teologia, finora, non ha fatto sufficiente attenzione al mistero della generazione umana, quasi che si trattasse di un argomento un po' scabroso che fosse meglio lasciare da parte il più possibile. Forse era necessaria la recente "rivoluzione sessuale" per costringere i teologi a rivolgere una più consapevole attenzione a questo aspetto fondamentale della storia del mondo. In ogni caso pensiamo che sia giunto il momento di mettere in piena luce ciò che nella tradizione è rimasto per troppo tempo tra i sottintesi.
Il fatto che Adamo sia stato all'origine "figlio di Dio" e che questa figliolanza dovesse raggiungere Cristo, quale Figlio vero di Dio generato per opera dello Spirito Santo, suggerisce che tra l'opera generatrice dello Spirito Santo nel seno della Vergine Maria e la generazione umana originata da Adamo ed estesa per tutta la storia del mondo non vi sia quella estraneità che il tradizionale sentire teologico ha generalmente supposto.
Teologi quali Solov'ëv e il suo pendant italiano Vito Fornari (1821-1900) hanno genialmente ripercorso tutta la storia delle civiltà antiche per dimostrare come la loro evoluzione preparasse la venuta di Cristo nella «pienezza del tempo» (Gal 4, 4). Ma si potrebbe scrutare una storia più segreta del genere umano, prendendo ispirazione alle parole di Maria: «di generazione in generazione la sua misericordia si stende su quelli che lo temono».
La generazione umana, originata da Adamo «figlio di Dio» e destinata ad accogliere la generazione dello stesso Figlio eterno del Padre, non è stata una lunga preparazione a questo meraviglioso evento? Non vi era, all'origine, nel seme di Adamo un riflesso della generazione divina, che avrebbe dovuto riverberarsi in tutte le generazioni umane e, divenendo sempre più cosciente, culminare nella generazione del Figlio eterno di Dio?Questa ipotesi appare molto suggestiva e tale - come vedremo in seguito - da gettare una luce nuova sul mistero, oggi tanto trascurato da essere praticamente negato, del peccato originale, sul senso della «luce vera che illumina ogni uomo» (Gv 1, 9) e sui più scabrosi e drammatici problemi del nostro tempo.Sono tutti temi fondamentali, che cercheremo di approfondire nei prossimi interventi.

III

Vi sono alcuni testi biblici e un importante testo teologico che, opportunamente approfonditi, gettano luce sul mistero della generazione umana quale riflesso della generazione divina, e in tal modo possono offrire un contributo fondamentale per un ripensamento della teologia che risponda alle ansie del nostro tempo. Già nell'Antico Testamento viene adombrata una presenza misteriosa che accompagna l'opera creatrice di Dio. Si legge nel libro dei Proverbi:

«Il Signore mi ha creato all'inizio della sua attività,
prima di ogni sua opera, fin d'allora.
Dall'eternità sono stata costituita,
fin dal principio, dagli inizi della terra.
Quando non esistevano gli abissi, io fui generata;
quando ancora non vi erano le sorgenti cariche d'acqua;
prima che fossero fissate le basi dei monti,
prima delle colline, io sono stata generata.
Quando ancora non aveva fatto la terra e i campi,
né le prime zolle del mondo;
quando egli fissava i cieli, io ero là;
quando tracciava un cerchio sull'abisso;
quando condensava le nubi in alto,
quando fissava le sorgenti dell'abisso;
quando stabiliva al mare i suoi limiti,
sicché le acque non ne oltrepassassero la spiaggia;
quando disponeva le fondamenta della terra,
allora io ero con lui come architetto
ed ero la sua delizia ogni giorno,
dilettandomi davanti a lui in ogni istante;
dilettandomi sul globo terrestre,
ponendo le mie delizie tra i figli dell'uomo» (Pv 8, 22-31).

Alcuni fondamentali testi del Nuovo Testamento fanno chiaro riferimento a questo testo del libro dei Proverbi e ad altri analoghi testi sapienziali. Ne possiamo indicare tre.Il primo si trova nel celebre Prologo del Vangelo di San Giovanni. Vi si legge:«Tutto è stato fatto per mezzo di lui», cioè il Verbo divino, «e senza di lui niente è stato fatto di tutto ciò che esiste» (Gv 1, 3), dove l'espressione: «esiste» - γέγονεν - indica il venire all'essere sempre rinnovato.

Il secondo lo troviamo nella lettera ai Colossesi:

«Egli» - il Figlio di Dio - «è immagine del Dio invisibile,generato prima di ogni creatura;

poiché per mezzo di lui
sono state create tutte le cose,
quelle nei cieli e quelle sulla terra,
quelle visibili e quelle invisibili:
Troni, Dominazioni,
Principati e Potestà.
Tutte le cose sono state create
per mezzo di lui e in vista di lui.
Egli è prima di tutte le cose
e tutte sussistono in lui» (Col 1, 15-17).

Citiamo, infine, un testo della lettera agli Ebrei:
«Dio (...) in questi giorni, ha parlato a noi per mezzo del Figlio, che ha costituito erede di tutte le cose e per mezzo del quale ha fatto anche il mondo. Questo Figlio (...) è irradiazione della sua gloria e impronta della sua sostanza e sostiene tutto con la potenza della sua parola» (Eb 1, 1-3).

La Sapienza, che nel testo veterotestamentario accompagna l'opera della creazione, nel Nuovo Testamento viene assimilata al Figlio o Verbo divino, presentato quale modello trascendente del mondo creato, sempre presente a sostenerlo nella sua esistenza con la sua parola creatrice.

Vi è un testo poco noto di San Tommaso d'Aquino che, facendo sempre riferimento alle dottrine sapienziali dell'Antico Testamento, contribuisce fortemente a chiarire meglio il senso di queste mirabili pagine scritturali.

Scrive l'Angelico:

«"Io, la Sapienza ho effuso dei fiumi" (Sir 24, 30). Per questi fiumi intendo il flusso dell'eterna processione, per la quale il Figlio dal Padre e lo Spirito Santo da ambedue procedono in modo ineffabile. Questi fiumi un tempo erano nascosti e come misteriosamente infusi, sia nelle creature, che sono similitudini che riflettono il loro Creatore, sia negli enigmi delle scritture (…) "Io, come un corso d'acqua immensamente abbondante uscito dal fiume" (Ibid.). In ciò viene espresso l'ordine e il modo della creazione. L'ordine perché, come un corso d'acqua deriva da un fiume, così il processo temporale delle creature deriva dal processo eterno delle Persone. Perciò è scritto (Sl 148, 5): "Disse e furono create". Generò il Verbo, nel quale le creature dovevano essere create, come dice S. Agostino. Sempre, infatti, ciò che è primo e più perfetto in un determinato ordine è causa di ciò che è secondario e derivato nel medesimo ordine, secondo la dottrina di Aristotele. Quindi il primo ed eterno processo delle Persone Divine è causa e modello di ogni processo che ne deriva (…) poiché come il corso d'acqua esce fuori dall'alveo del fiume, allo stesso modo la creatura procede da Dio fuori

dell'unità dell'essenza divina, nella quale è contenuto come in un alveo il flusso delle Persone» (Prologo al Commento al I Libro delle Sentenze).
Il testo di San Tommaso getta una luce abbagliante sui testi scritturali e l'uno e gli altri contribuiscono a mettere nella più alta considerazione il ruolo delle creature.
Esse sono create in Cristo, per mezzo di Cristo, in vista di Cristo, tutte in lui sussistono, sono sostenute dalla sua parola e riflettono la sua essenza divina. Esse sono derivate, come una corrente d'acqua che esce dall'alveo di un fiume, dal flusso eterno del Verbo, che scaturisce dal Padre nel vincolo di amore dello Spirito Santo e, se «il primo ed eterno processo delle Persone Divine è causa e modello di ogni processo che ne deriva», le creature, appunto perché riflettono il processo di generazione eterna delle Persone Divine, a loro volta sono impegnate in un processo di causalità senza fine.
Ora, se l'essere e la causalità delle creature sussistono nel Verbo creatore in quanto ne riflettono la sostanziale natura, bisogna concludere che, come vi è una gradualità nella somiglianza con il modello divino, così vi è gradualità nella sostanzialità del "sussistere" delle creature nella Parola creatrice.
Infatti l'evoluzione del mondo, in qualsiasi modo la si debba scientificamente concepire, ascende nella sua rassomiglianza con il flusso eterno della vita divina dall'essere e dalla causalità inorganica, all'essere e alla causalità biologica, all'essere e alla causalità cosciente. Quando, dunque, appare il miracolo della coscienza, l'uomo trasferisce nella sua «luce intellettuale» le meraviglie del cosmo, che fino ad allora erano ignare di se stesse, tanto da poter affermare che, se tutte le cose sussistono in Cristo, in quanto create e sostenute nell'essere dalla sapienza del Verbo divino, in un certo senso esse sussistono anche nella coscienza umana, che appare, perciò, quasi vicaria del Verbo creatore, e che, perciò, come tale, sussiste in esso in modo qualitativamente superiore rispetto al mondo incosciente.
Il salto di qualità dal mondo inorganico al mondo organico al mondo cosciente appare veramente vertiginoso ed è paragonabile al salto di qualità dalla dimensione linerare alle dimensioni piana e solida nella geometria.
Ora la distinzione del livello della coscienza umana dal mondo inferiore si estende, come si è accennato, in particolare alla sua funzione causale, che in modo eminente riflette la causalità del Verbo creatore. Se, infatti, le creature incoscienti tendono ad ascendere nell'imitazione della causalità divina dalla dimensione puramente meccanica alla dimensione biologica, nel mondo umano la causalità inferiore viene come assorbita e sollevata al livello della causalità cosciente.
È errata, anche se diffusa, l'idea che i generanti umani conferiscano al generato una forma soltanto organica, nella quale Dio infonderebbe l'anima intellettiva

superorganica: la facoltà intellettiva è già nella forma umana trasmessa dalle cause seconde, ed essa deriva, allo stesso titolo delle altre facoltà, dalle cause seconde, anche se Dio interviene con il suo atto creativo, conferendo all'anima il dono sublime dell'essere.

Da questa riflessione scaturisce la conseguenza che la pro-creazione di un essere umano costituisce un genere di causalità di qualità diversa, ontologicamente superiore, rispetto alla generazione di un animale o di una pianta e, ancor più, rispetto ad una produzione minerale o meccanica. In essa, infatti, le funzioni spirituali della conoscenza, della libertà e dell'amore concorrono con quelle fisico-organiche alla formazione del nuovo essere umano. Anzi, si può affermare che, sebbene senza il concorso delle funzioni fisico-organiche la nuova vita non potrebbe nascere - come la conoscenza nell'uomo, pur essendo di natura soprasensibile, non può avvenire senza il concorso della sensibilità - il ruolo principale nel determinarne la forma e la qualità appartenga alle funzioni spirituali, e non a quelle carnali.

In questo senso, la pro-creazione, pur essendo sempre una "creazione", tuttavia si avvicina immensamente più che non la generazione animale o vegetale, o, tanto meno, la causalità meccanica, alla generazione del Verbo Divino nel seno della Santissima Trinità - generazione che è il modello di ogni causalità creata.

Del bambino si può ben dire, perciò, che è frutto, sostanzialmente, più che di un'operazione fisico-organica, della «luce intellettual piena d'amore» (Paradiso, XXX, 40) presente nei genitori, la quale rispecchia la luce increata delle stesse Persone Divine.

Dunque l'amore cosciente e fecondo dell'uomo e della donna sussiste in Cristo in modo del tutto nuovo rispetto al mondo inferiore, e sussiste in Cristo il figlio, che, generato ad immagine della generazione eterna del Verbo divino, già soltanto per questo intuisce di essere non solo figlio dell'uomo, ma anche figlio di Dio, alter Christus.

Da questa visione sapienziale della creazione del mondo e dell'uomo e dei suoi misteriosi rapporti con il Verbo divino e con la vita trinitaria scaturiscono, come vedremo, conseguenze di portata incalcolabile per una rinnovata comprensione del «mistero nascosto da secoli nella mente di Dio» (Ef 3, 9) ed «ora manifestato ai suoi santi» (Col 1, 26).

IV

Vi è un articolo molto suggestivo di Madre Lioba - che si può leggere tramite il seguente link: https://massimolapponi.wordpress.com/limmacolata-e-sancta-sophia/ - di cui vale la pena parafrasare alcuni concetti fondamentali per poi svilupparli ulteriormente.

Si è detto nel capitolo precedente che, secondo le dottrine sapienziali dell'Antico e del Nuovo Testamento, illuminate dal genio di San Tommaso, vi è un legame sostanziale tra l'uomo e il Verbo divino creatore, in quanto l'uomo partecipa, grazie al miracolo della coscienza, alla luce intellettuale increata.

Da ciò deriva il fatto che il mondo inferiore incosciente, se pure contiene anch'esso misteriosamente l'impronta della Sapienza divina, soltanto nella luce della coscienza umana riconosce se stesso quale riflesso del Verbo creatore.

In tal senso possiamo affermare che, se è vero che «tutte le cose sussistono in Cristo» (cf Col 1, 17), in modo eminente è l'uomo, nella sua dimensione intellettuale, a sussistere in Cristo, mentre lo stesso mondo inferiore vi sussiste propriamente per mezzo di essa. Dunque l'uomo cosciente viene ad essere una sorta di vicario del Verbo divino.

Ma chiediamoci: se l'uomo sperimenta in se stesso, in modo qualitativamente superiore rispetto al mondo naturale, la misteriosa presenza del Figlio di Dio, che «sostiene tutto con la potenza della sua parola» (Eb 1, 1-3), quale è la dinamica interiore che gli permette di avere un'intuizione, per quanto imperfetta, di questa divina presenza in cui tutto sussiste, e in cui egli sussiste in modo eminente?

Afferma San Paolo che «dalla creazione del mondo in poi, le perfezioni invisibili di Dio possono essere contemplate con l'intelletto nelle opere da lui compiute, come la sua eterna potenza e divinità» (Rm 1, 20).

Proviamo ad approfondire questo concetto alla luce della stessa Sacra Scrittura.

Essa ci suggerisce che nella creazione vi è una sorta di gradualità, per la quale Dio si rivela pienamente soltanto quando dà l'ultimo tocco all'universo creato, concedendo all'uomo, quale culmine di tutta la sua opera creativa, il suo dono più prezioso: la donna.

E qui mette conto di citare le parole stesse di Madre Lioba:

«Ricordiamo che, secondo la dottrina del primato dell'atto - dottrina che costituisce il cuore di tutta la speculazione umana - ciò che nella realizzazione temporale appare come ultimo, nella sua realtà metafisica, e nell'intenzione del Creatore, è invece primo. Se, nel racconto della Genesi, la creazione della donna avviene per ultima, nel suo modello divino e nell'intenzione della Divinità essa era prima. Ciò significa che il vero statuto metafisico dell'uomo, immagine di Dio, non è compiutamente espresso dalla definizione classica "animal rationale", poiché a quest'ultima deve essere aggiunta, quale attributo essenziale, la dimensione dell'amore, svelata all'uomo soltanto dall'apparire della donna. Se, infatti, il Verbo divino è, per la sua eterna natura, animato dallo Spirito Santo nella sua generazione dal Padre, e perciò giustamente il poeta parla di "luce intellettual piena d'amore", l'intelletto umano, che lo rispecchia, non dovrà a sua volta essere, per essenza, "luce intellettual piena d'amore"? E non è la donna a completare il rispecchiamento dell'immagine divina e a svolgere, perciò, il ruolo di rappresentante dello Spirito Santo, quando ella appare all'uomo quale "carne della mia carne e osso delle mie ossa" (Gn 2, 23) e gli svela, così, la via per raggiungere la pienezza di quel mistero di amore che giaceva come segretamente infuso nella folgorante bellezza della scena della creazione e che ora palpita nello sguardo stupito che essi si scambiano, quasi non credendo ai propri occhi?».

Ci viene, dunque, suggerito che l'intuizione del Verbo che sostiene tutte le cose, se è già presente nell'atto dell'intelligenza a cui si svela l'intelligibilità iscritta nella natura creata, si realizza nel modo più pieno e più vero nell'incontro dello sguardo amoroso dell'uomo e della donna. In questa "fusione nucleare" del loro essere cosciente il Verbo divino stesso, animato dal soffio dello Spirito Santo, rivela alla creatura umana la sua natura personale e provviddente, che «si estende da un confine all'altro con forza» e «governa con bontà eccellente ogni cosa» (Sp 8, 1).In questo ultimo stadio della creazione l'intelligenza stessa dell'uomo, quale vicaria del Verbo, compie un ulteriore salto qualitativo - potremmo parlare di una "quarta dimensione" - per il quale essa diviene partecipe della divina Sofia, intesa quale fusione, nella diversità delle Persone, del Verbo e dello Spirito Santo. Ciò significa che l'opera dell'uomo nel mondo creato non è più soltanto ristretta al governo del mondo naturale, ma è elevata al regno dell'amore. All'amore per la persona umana della donna, dell'uomo e della loro discendenza d'ora in poi deve essere subordinata ogni attività di possesso e di dominio del mondo inferiore.

Abbiamo parlato di "discendenza". Questo ci apre la strada ad un ulteriore approfondimento.Come il Verbo manifesta la sua fecondità nella creazione, e soprattutto nella creazione dell'uomo, così la persona dell'uomo e della donna ne rispecchiano la fecondità soprattutto nella generazione della vita. Il loro amore, infatti, è fecondo e, come abbiamo detto, non soltanto né sostanzialmente, a livello biologico, bensì propriamente nella sua dimensione cosciente soprasensibile.

L'immagine tende ad imitare il modello. Ora il Verbo manifesta in modo eminente la sua fecondità, come abbiamo accenato, non tanto nella creazione del mondo naturale, quanto nella creazione dell'uomo, che ne rispecchia la natura personale e cosciente, animata dall'amore increato dello Spirito Santo.

Dunque anche l'uomo e la donna si avvicineranno al modello divino non nel lavoro di dominio del mondo naturale, bensì nella generazione di una discendenza infinita «come le stelle del cielo e come la sabbia che è sul lido del mare» (Gn 22, 17). E questa imitazione non tenderà sempre maggiormente alla perfezione del suo modello? La stessa infinità delle generazioni, non contiene misteriosamente un presentimento dell'infinità divina del Verbo? E non adombra, perciò, la promessa della generazione dello stesso Verbo divino nella vita del mondo?

Nel quadro che abbiamo delineato fin qui possiamo vedere riflesso una sorta di divino poema, in cui l'opera della creazione si esalta in una meravigliosa epopea, nella quale risplende l'azione ineffabile della divina Sapienza.

Ma questo quadro non corrisponde, propriamente, alla realtà della storia del mondo, se non come una "storia ideale eterna". Se, infatti, possiamo vedere in esso il riflesso dell'economia divina, dobbiamo però aggiungere che quest'ultima ha dovuto farsi carico di un tragico elemento di perturbazione che si è introdotto nel mondo: il peccato, il quale è venuto ad inquinare e a corrompere l'opera del Verbo e dello Spirito Santo.

La donna doveva essere il culmine della creazione e della rivelazione del volto divino del Verbo creatore. Ma ella, rifutandosi di adempiere la sua missione di umile tramite della manifestazione all'uomo della realtà divina, ha voluto essere, invece, «come Dio» (Gn 3, 5), arbitra assoluta del bene e del male, ed è, perciò, divenuta anche per l'uomo pietra di inciampo, che porterà ambedue a decadere dal più alto livello a cui erano destinati - la "quarta dimensione" - e a regredire a semplici dominatori del mondo inferiore.

L'intelligenza senza l'amore, il mondo senza la fiamma dello Spirito Santo, l'uomo e la donna impediti di conseguire quella "fusione nucleare" a cui Dio li aveva destinati. Dunque il loro amore tende a decadere verso il suo aspetto carnale, e ciò si riflette in una discendenza in cui l'opera feconda dello spirito è indebolita, e in varia misura sovrastata, dalla fecondità biologica.

Questo ci fa comprendere il mistero, oggi così poco considerato, per non dire negato, del peccato originale e delle sue conseguenze nel comportamento dell'uomo e della donna e nella qualità "inquinata" del frutto della loro generazione. In esso dobbiamo considerare da una parte l'ergersi dell'intelligenza e del lavoro umano, rivolti ad una unilaterale conquista del mondo, e quindi l'affermarsi dell'uomo, in quanto almeno fisicamente più forte, e il regredire della donna nella sfera privata. Dall'altra, però, osserviamo lo squilibrio del rapporto tra loro, per il quale, in fin dei conti, l'uomo non trova, nei beni creati, nulla che possa rivaleggiare con la donna, e perciò l'aspirazione di quest'ultima a vendicarsi nei confronti dell'uomo e a ribaltare la sua posizione di forzata inferiorità fisica facendo leva sul suo fascino personale e sulla sua conseguente superiorità psicologica.

Ma questa dinamica squilibrata del rapporto tra l'uomo e la donna avrà soprattutto l'effetto di trasmettere alla loro discendenza, per l'imperfezione dello stesso atto generativo, il medesimo squilibrio, cioè la preponderanza della carnalità sulla dimensione spirituale dell'amore e quindi il perpetuarsi, o anche l'aggravarsi, del prevalere delle dimensioni del dominio del mondo e della falsa affermazione di sé sulla dimensione dell'amore.
Questo squilibrio, tuttavia, non è assoluto e non cancella, bensì soltanto indebolisce, il piano originario di Dio. Quest'ultimo, infatti, lavora sempre segretamente a ricondurre l'uomo e la donna al quel rapporto che era stato preparato per loro e che rimane iscritto incancellabilmente nella loro natura.
Da ciò deriva che la discendenza dell'uomo e della donna, sebbene inquinata dallo squilibrio tra la causalità spirituale e la causalità biologica introdotto dal peccato originale, non ha perduto totalmente il riflesso della sua origine nella fecondità meta-fisica del Verbo divino. E possiamo certamente supporre che vi sia una gradualità di situazioni, nella generazione umana, anche prima e al di fuori della generazione santificata dalla fede e dal battesimo cristiano, a seconda del grado di virtù dei genitori e della maggiore o minore partecipazione dello spirito alla loro unione feconda.
Si trova, nell'opera di un esegeta di indubbia autorità, una spiegazione inaspettata di un celebre testo giovanneo che, se confermata, fornirebbe una sostanziale base scritturistica a quanto ora affermato.
Il testo, trattao dal Prologo al Vangelo di San Giovanni, è il seguente:
A quanti però l'hanno accolto,
ha dato potere di diventare figli di Dio:
a quelli che credono nel suo nome,
i quali non da sangue,
né da volere di carne,
né da volere di uomo,
ma da Dio sono stati generati.
(Gv 1, 12-13)
Le parole «i quali non da sangue, né da volere di carne, né da volere di uomo, ma da Dio sono stati generati», generalmente si intendono come una sorta di ridondanza delle parole del precedente versetto: «quelli che credono nel suo nome». Esse, cioè, indicherebbero, appunto, la rinascita in Cristo per mezzo della fede. Al contrario André Feuillet (1909-1998), nel suo volume "Le prologue du quatrième Évangile" (Paris, 1968), riferendosi anche al lavoro di altri esegeti autorevoli, sostiene che la generazione da Dio di cui si parla nel versetto 13 indica una preparazione previa alla fede in Cristo, prodotta dall'azione divina con una

grazia perveniente in tutto il mondo, fin dalla sua origine, e in ogni epoca e situazione sulle persone che si accostano a lui.
Feuillet cita, a conferma della sua interpretazione, queste parole di A. Vanhoye: «Anche se immerso in una spessa ignoranza religiosa, anche se perduto nel mondo dell'errore e del vizio, l'uomo è ancora raggiunto da Dio e attirato da lui in occasione delle sue opzioni di coscienza. Ogni progresso compiuto nel senso della sincerità e del disinteresse, ogni rinuncia alla sufficienza orgogliosa è un consenso all'azione del Padre e l'inizio di una relazione filiale» (op. cit. p. 83).
Se questa interpretazione è giusta, nulla vieta di svilupparla ulteriormente e di sostenere che la relazione filiale si manifesta anche nella generazione da parte di genitori che, mossi da una grazia preveniente di Dio, abbiano illuminato il loro amore con opzioni di coscienza ispirate a sincerità, disinteresse e rinuncia ad una sufficienza orgogliosa, e abbiano, perciò, fatto prevalere, anche nella generazione dei loro figli, la forza dello spirito sulla causalità biologica.
Nei successivi contributi dovremo sviluppare ulteriormente il quadro sapienziale che ora incomincia ad apparire.

V

Dal discorso svolto finora emerge un dato della più grande importanza: il ruolo sostanziale, e quindi non accessorio, della donna e della sua relazione con l'uomo nell'economia divina della creazione e della salvezza. Abbiamo, infatti, sottolineato la funzione della donna in quanto culmine della creazione e quindi dell'autorivelzione di Dio all'uomo.
A questo proposito è bene richiamare l'affermazione di San Paolo: «né l'uomo fu creato per la donna, ma la donna per l'uomo» (1Cor 11, 9), la quale non indica una sorta di inferiorità della donna rispetto all'uomo, ma il fatto che la donna, in quanto culmine della creazione, non è intesa quale realtà sostanzialmente nuova e superiore rispetto all'uomo, bensì come rivelazione dell'uomo a se stesso e complemento perfettivo della sua natura di immagine di Dio.
Creata per l'uomo, la donna svolge un ruolo essenziale, nel senso che per essa soltanto può compiersi l'economia divina di elevazione dell'uomo al regno dello Spirito Santo e dell'amore, e di riverbero, nel mondo creato, della fecondità della generazione del Verbo - fecondità destinata, nel misterioso disegno di Dio, a culminare nella generazione nella carne umana del medesimo Verbo divino: «Tutte le cose sono state create per mezzo di lui e in vista di lui» (Col 1, 16).
Sul fondamento di questo importante testo apostolico, inserito nella visione sapienziale che stiamo cercando di illustrare, appare, dunque, perfettamente giustificata l'affermazione di Solov'ëv, in precedenza richiamata, che l'incarnazione non deve essere intesa come «un miracolo in senso volgare». Essa, infatti, se è senza alcun dubbio un evento soprannaturale e miracoloso, nello stesso tempo si iscrive spontaneamente nella sapienziale economia divina, sia in quanto perfezione del piano della creazione, vista quale sovrabbondanza eccedente della processione delle Persone divine, sia in quanto riparazione e salvezza dalla tragedia del peccato e dalle peturbazioni da esso introdotte nel piano divino.
In questa prospettiva - nella quale, come si è osservato e come vedremo meglio in seguito, la donna svolge un ruolo non marginale o secondario - dobbiamo affermare che l'economia della redenzione dal peccato è in qualche modo subordinata e comandata dalla più originaria economia dell'incarnazione, intesa come perfezionamento della creazione.
È questa una dottrina generalmente attribuita alla scuola francescana e al Beato Duns Scoto - sebbene, a quanto sembra, fosse stata già avanzata da Ruperto di Deutz - al quale si è soliti opporre la diversa opinione di San Tommaso. Ma nel testo di quest'ultimo già prima richiamato è espresso un pensiero che, contrariamente all'opinione comune, avvicina moltissimo la dottrina

dell'Angelico a quella del "Doctor Subtilis":«Ciò che si addice alla Sapienza di Dio» scrive San Tommaso «è la perfezione, per la quale le realtà create sono condotte e confermate nel loro proprio fine. Infatti, tolto il fine rimane la vanità, la quale è incompatibile con la Sapienza; perciò è scritto che "la Sapienza si estende da un fine all'altro e tutto dispone con forza e soavità" (Sp 8, 1). Di un qualsiasi individuo allora si dice che lo si dispone con soavità, quando esso è condotto al suo proprio fine, quello che egli naturalmente desidera. Anche ciò si addice in modo speciale al Figlio, il quale, essendo vero Figlio di Dio per natura, ci ha introdotti nella gloria dell'eredità del Padre» (Prologo al Commento al I Libro delle Sentenze).

L'affermazione che il Figlio di Dio per natura ci ha introdotti nell'eredità del Padre presuppone, ovviamente, che egli ci abbia associati alla sua condizione di Figlio mediante l'incarnazione, la quale, dunque, non è presentata sostanzialmente come rimedio per il peccato, bensì come perfezionamento della stessa opera creatrice.

Ma a questo punto dobbiamo andare oltre le dottrine dei grandi teologi medievali. Abbiamo visto, infatti, che nell'ambito del mondo creato, la fecondità della processione del Verbo e dello Spirito Santo viene rispecchiata più perfettamente e ad un livello qualitativo superiore soltanto con l'apparire della donna. È per suo mezzo, infatti, che la coscienza dell'uomo, rispecchiandosi in una coscienza simile a sé, si apre all'intuizione più alta del Verbo divino, che regge ogni cosa «con la potenza della sua parola» (Eb 1, 3). E da questa comunione scaturisce una fecondità pro-creatrice che riverbera l'opera creatrice del Verbo, non soltanto, come avveniva già nel mondo inferiore, a livello biologico, ma, in modo più sostanziale, a livello di coscienza e d'amore, ad imitazione più perfetta e qualitativamente superiore della processione delle Persone divine.

Abbiamo visto, anche, che, per quanto si è detto, solo con l'apparire della donna si apre la via perché lo Spirito Santo possa operare nel mondo attraverso la coscienza dell'uomo, vicaria del Verbo nel mondo creato.

Ora è proprio attraverso l'umana generazione, fondata nel livello ontologico superiore della coscienza umana, che si prospetta misteriosamente, già all'alba della creazione, la generazione del Figlio di Dio nella carne umana. È ovvio, infatti, che l'incarnazione presuppone l'apparire della donna nel mondo e il conseguente svelarsi del piano divino ad essa relativo.

È ancora André Feuillet ad interpretare il versetto 9 del Prologo giovanneo - «Veniva nel mondo la luce vera, quella che illumina ogni uomo» - non come riferito alla "venuta" del Verbo nell'incarnazione, di cui si parlerà soltanto nei versetti successivi, bensì alla sua "venuta" come presenza costante nel mondo fin dalla creazione. Questa previa "venuta", e la conseguente illuminazione di «ogni uomo», se da una parte si realizza in modo ontologicamente superiore nell'incontro di conoscenza e di amore dell'uomo e della donna, dall'altra costituisce la premessa necessaria a quella "venuta" di ordine ancora più sublime costituita dall'incarnazione.

L'attingimento della luce del Verbo attraverso l'unione delle coscienza dell'uomo e della donna nell'amore, riflesso dello Spirito Santo, rende l'uomo e la donna partecipi, per imitazione, della divina processione delle Persone. Ma questa imitazione non può non aspirare ad assimilarsi al suo modello nel modo più perfetto possibile. E quale è il modo più perfetto possibile, se non l'unione ipostatica del Verbo con l'uomo quale culmine della generazione umana?

Verrebbe da ripete con il Dottore Sottile: «Potuit, decuit, ergo fecit»!

Ma ora appare un successivo passaggio della più grande importanza.

Se questo sublime piano divino è stato attraversato, come primo elemento, dal sottrarsi della donna alla sua missione rivelativa del Verbo per voler essere «come Dio, conoscendo il bene e il male» (Gn 3, 5), cioè arbitra del bene e del male, senza riferimento a Dio, la restaurazione del piano originario di Dio non dovrà passare necessariamente attraverso il ristabilimento della donna nel suo ruolo di umile dimora della divinità, tale da poter essere per l'uomo tramite della rivelazione del Verbo e dello Spirito Santo? Infatti, senza questo ristabilimento, come potrebbe l'uomo riscoprire l'orizzonte superiore dell'amore, dal quale, con il peccato, egli è regredito proponendosi, quale suo proprio fine, il possesso e il dominio del mondo inferiore e la falsa esaltazione di se stesso? E la sua stessa fecondità generativa può essere riscattata soltanto se la «madre di tutti i viventi» (Gn 3, 20) - che ovviamente non genera fisicamente tutti gli uomini, ma costituisce il modello della maternità - non è più la donna decaduta in Eva, bensì la donna rigenerata in Maria.

In questa prospettiva appare necessario che l'incarnazione redentiva del Figlio di Dio non solo, come è ovvio, sia resa possibile dalla funzione materna, ma che sia accompagnata dall'apparire di una donna in cui sia perfettamente ristabilita l'umile accoglienza della divinità al fine di rendersi, di nuovo, strumento della sua rivelazione.

Se rileggiamo il "Magnificat" in questa prospettiva, vedremo che esso ci presenta realmente Maria come la donna contrapposta ad Eva peccatrice e perfettamente ristabilita nel ruolo a lei assegnato dall'economia divina, e perciò come necessaria premessa fontale della rigenerazione del genere umano.

«L'anima mia magnifica il Signore e il mio spirito esulta in Dio, mio salvatore, perché ha guardato l'umiltà della sua serva» (Lc 1, 46-48).

Se Eva è voluta essere «come Dio», mettendosi in qualche modo al suo posto, ecco che ora invece Maria si china davanti a Lui e offre giosamente la sua anima e il suo spirito quale sua umile dimora.
«D'ora in poi tutte le generazioni mi chiameranno beata.
Grandi cose ha fatto in me l'Onnipotente e Santo è il suo nome» (Ibid. 48-49).
Se in Maria si è ristabilita l'integrità interiore e quindi il vero ruolo della donna, secondo il piano divino, ciò non può riguardare soltanto la sua persona, ma deve necessariamente estendersi a tutta la vita del mondo, avendo, appunto, in lei la donna ritrovato la sua missione originaria. Per questo su tutte le generazioni umane si stende ora, grazie a lei, una luce nuova, ed esse ne proclameranno la beatitudine. Il Signore, infatti, con un'opera grande e mirabile, l'ha ricollocata al posto già assegnato fin dall'origine alla donna, di essere, per tutto il genere umano, strumento di elevazione al superiore livello ontologico dell'amore nella luce dello Spirito Santo.
Il resto del cantico ribadisce l'estendersi della benedizione salvatrice di Dio su tutte le generazioni e su quella discendeza di Abramo, da intendere non solo in senso carnale, che, nell'umiltà, ha voluto e vorrà ritornare a Dio, rifutando l'esaltazione del dominio del mondo e del falso orgoglio umano al di sopra della fede e dell'amore servizievole. Molte conseguenze importanti ed attuali derivano, come vedremo, da questa rivisitazione sapienziale del mistero della salvezza.

VI

Abbiamo parlato del ruolo "fontale" di Maria. L'aggettivo è stato scelto appositamente per sottolineare il fatto che Maria non è una figura marginale o occasionale nel piano della creazione e della salvezza, ma, al contrario, svolge una funzione necessaria e centrale.

Dobbiamo, però, chiarire che l'aggetivo "fontale" va inteso in senso relativo. È ovvio, infatti, che la "fonte" vera ed unica della salvezza è soltanto Cristo.

Qual è, dunque, il rapporto tra il ruolo "fontale" assoluto di Cristo e il ruolo "fontale" relativo di Maria? La risposta a questa domanda ci condurrà molto lontano.

Quanto è stato detto finora dovrebbe aver mostrato come la centralità di Cristo nella creazione, nella generazione umana e nell'incarnazione, in quanto aspetti indisolubilmente legati tra loro, consenta di raggiungere una visione sapienziale unitaria della teologia trinitaria, dell'economia divina e della cristologia. Ora l'illustrazione dei ruoli di Cristo e di Maria, e del loro inscindibile rapporto nel piano della salvezza, mostrerà come la stessa visione unitaria si estenda anche alla teologia morale e sacramentale, alla soteriologia e all'escatologia.

Dovremo ora riprendere alcuni concetti già esposti per illustrarne la rilevanza in una prospettiva più propriamente morale.

Quanto abbiamo detto del posto eminente della donna nel piano divino della creazione ci permette di avere una concezione sapienziale ordinata del mistero del peccato.

Nella morale classica si confrontavano due diversi approcci: uno partiva dai comandamenti e l'altro dall'antropologia. Ovviamente la preferenza va data al secondo. Ora la visione sapienziale che abbiamo proposto, fondata su una considerazione approfondita dei dati biblici sulla creazione dell'uomo e della donna, arricchisce e illumina di luce nuova l'antropologia, e quindi la dottrina morale che su di essa si fonda.

Abbiamo visto come la donna, in quanto ultima creatura e perfezionamento del genere umano, dischiuda all'uomo la nuova dimensione dell'amore e dello Spirito Santo. Sarà lo svelarsi allo sguardo dell'uomo e della donna dell'amore interpersonale a dare alla creatura umana l'intuizione della natura personale della Divinità, e nello stesso tempo a risvegliare in essa l'aspirazione ad una felicità che soltanto la comunione tra le persone, e in modo eminente con le Persone divine, può conferire.

Nella vita di questo mondo l'aspirazione alla comunione d'amore interpersonale porta a dar vita ad una discendenza infinita ed a porre la superiore dimensione dell'amore a fondamento di tutta l'attività umana. A sua volta la discendenza dell'uomo e della donna, proprio in quanto si estende oltre ogni misura, adombra misteriosamente la promessa della generazione nella carne dello stesso Verbo divino creatore, e quindi la conciliazione tra l'aspirazione alla comunione tra le persone umane e l'aspirazione alla comunione con le Persone divine.

In questa prospettiva appare una sorta di gerarchia nell'antropologia umana. Se nell'ordine cronologico la dimensione dell'amore interpersonale appare per ultima, nell'ordine metafisico sapienziale essa è, invece, prima. Le altre facoltà e potenze dell'uomo vengono ad essere ad essa subordinate.

La creatura umana, elevata al di sopra della natura incosciente con il dono della ragione, quando ancora non le si è svelata la dimensione dell'amore interpersonale, è rivolta al dominio del mondo inferiore e ad esaltare se stessa, in quanto libera e arbitra del proprio destino. Con l'apparire della dimensione superiore dell'amore, queste due dimensioni della creatura razionale assumono un ruolo subordinato.

Ora lo svelamento dell'amore interpersonale è, per sua propria natura, anche lo svelamento del volto personale di Dio. Quando, con il peccato originale, la donna rinuncia da essere svelamento del volto del Verbo creatore per essere «come Dio», arbitra del bene e del male, e quando l'uomo la segue in questa sua rinuncia, ecco che l'orizzonte interiore dell'uomo si offusca: la dimensione dell'amore interpersonale diviene indistinta e incerta e l'uomo regredisce verso le dimensioni inferiori del dominio del mondo e dell'esaltazione della propria libertà e autodeterminazione.

Cosa avviene, allora, del rapporto tra l'uomo e la donna, che era destinato a giocare il ruolo centrale nel destino del mondo? Se, con l'offuscarsi della rivelazione del volto di Dio, si offusca anche la rivelazione della comunione interpersonale e, perciò, si esaltano le dimensioni inferiori del dominio del mondo e dell'autodeterminazione, la dimensione dell'amore tende a regredire verso i suoi aspetti biologici. Come si è già accennato, si viene così a creare una squilibrio, per il quale da una parte l'uomo, con falso orgoglio, esalta, nella vita del mondo, il suo ruolo di conquistatore, e, nello stesso tempo, riduce il rapporto con la donna ad una dimensione privata e subordinata, e dall'altra l'amore, proprio per essere squilibrato verso i suoi aspetti biologici, interferisce come elemento di disturbo in tutta l'attività umana. Esso, infatti, nel tendere ad esaltare la propria dimensione sensibile sulla dimensione soprasensibile, costituisce per l'uomo non più una guida verso una dimensione superiore, bensì una fortissima seduzione, che squilibria la sua attività razionale. Così la donna, pure se fisicamente più debole e perciò in qualche modo esclusa dall'opera di dominio del mondo, è tentata di vendicarsi della propria inferiorità fisica facendo leva sulla sua attrattiva carnale, con la quale nessun bene mondano può competere - perché in essa, se pure stravolta, sempre appare qualche cosa della superiorità originaria della dimensione dell'amore.

Anche se, dunque, nella profondità del loro essere, l'uomo e la donna non cessano di avvertire la loro primitava destinazione all'amore interpersonale, questa superiore dimensione del loro essere viene costantemente mortificata ed avversata dalla tentazione dell'uomo a regredire verso le dimensioni inferiori del dominio del mondo e dell'orgogliosa autoesaltazione e della donna a ribaltare la propria situazione di inferiorità fisica grazie al sua fascino carnale e alla sua superiorità psicologica ed a farsi, in tal modo, rivale dell'uomo nel dominio del mondo, anziché sua consorte nel regno superiore dell'amore.

Ovviamente questa situazione di squilibrio si riflette anche nella discendenza dell'uomo e della donna. Abbiamo visto, infatti, che, a differenza di quanto avviene nel mondo naturale inferiore, la generazione umana è formalmente determinata dalla dimensione superorganica della coscienza e dell'amore dei generanti. Ma, a causa dello squilibrio introdotto dal peccato originale, ora la dimensione biologica tende a sopraffare, nell'atto generativo, la superiore dimensione cosciente superorganica. Conseguentemente l'essere generato risente, fin dalla sua concezione, di questo squilibrio, cosicché le conseguenze del peccato originale si trasmettono per propagazione, generando esseri umani in cui la dimensione dell'amore superorganico è offuscata dal prevalere dell'istinto biologico e carnale e, perciò, su di essa, così indebolita, si impongono le dimensioni del dominio e dell'orgoglio.

È, tuttavia, importante osservare che vi è una gradualità nella trasmissione delle conseguenze del peccato originale, nel senso che, come si è detto, la destinazione originaria dell'uomo e della donna all'amore cosciente non è cancellata, ma soltanto indebolita, e che, perciò, essa non cessa di operare. Ora essa può operare in modo più o meno efficace, in ragione della più o meno elevata virtù morale dei generanti e della conseguente più o meno efficace presenza in essi dell'amore cosciente. Anche in una situazione di peccato originale l'amore cosciente può operare con maggiore efficacia se, con il segreto concorso della grazia divina, esso assurge ad un più altro grado di virtù. Le stesse consuetudini virtuose di un popolo e le relative istituzioni svolgono un ruolo fondamentale nel proteggere e rafforzare quella forza superorganica dell'amore che il peccato ha offuscato, ma non cancellato.Ciò fa comprendere quanto fosse motivata la tradizionale distinzione, che in tempi recenti si è voluta drasticamente, ma poco saggiamente, rifiutare, tra maternità legittima e maternità illegittima.

Da quanto detto fin qui risulta che, come vi è una gerarchia nella dinamica antropologica, così vi è una gerarchia nella vita morale dell'uomo e nella dinamica del peccato.

Come abbiamo detto, ciò che cronologicamente appare per ultimo, in una visione metafisica è, invece, primo. Dunque, a fondamento della vita morale dell'uomo vi è la dimensione dell'amore interpersonale, inteso anche quale rivelazione del volto personale di Dio. È questa dimensione che illumina tutte le altre e conferisce ad esse il loro posto adeguato in una sapiente gerarchia.

Dall'intimo rapporto con il Verbo creatore, che si riflette nell'amore interpersonale tra l'uomo, la donna e la loro discendenza, ricevono il loro ruolo il dono dell'intelligenza e i doni conseguenti del dominio del mondo e della libertà e dignità umana. Ugualmente la parte sensibile dell'uomo è illuminata dalla sua vita cosciente in tutte le sue dimensioni.

Ma, una volta offuscata dal peccato la dimensione superiore dell'amore umano e divino, tutto il complesso della dinamica interiore dell'uomo viene sconvolto. Allora la decadenza dell'amore a causa del prevalere del suo aspetto sensibile si accompagna alla conseguente malsana prevaricazione delle dimensioni del dominio e della libertà, indebitamente esaltate contro lo stesso sapiente disegno divino, e il rapporto tra l'uomo e la donna, che, lo si voglia o meno, rimane al centro della vita del mondo, viene sottoposto ad un costante logoramento, gravido di tragiche conseguenze.

Vedremo come, sullo sfondo di questa situazione di squilibrio e di peccato, prevalga, infine, il primitivo disegno divino, nel quale dominano le figure, inscindibili nell'economia divina, di Cristo e di Maria.

VII

Se a fondamento della vita morale dell'uomo vi è il piano originario di Dio, e cioè la rivelazione del Verbo e della Spirito attraverso l'esperienza dell'amore interpersonale dell'uomo e della donna, in vista della generazione, nella loro discendenza, dello stesso Verbo divino per intervento diretto dello Spirito Santo, il peccato assume una connotazione gerarchica, trovando la sua radice nel rifiuto di questa rivelazione e, quindi, nell'offuscamento della dimensione superiore della vita umana, alla quale conseguono, come effetti tra loro complementari, il decadimento, se pure non assoluto, dell'amore dalla dimensione spirituale alla dimensione fisico-biologica e l'indebita esaltazione, quale scopo primario della vita umana, della conquista materiale del mondo e della falsa affermazione ed autonomia personale.

In questa prospettiva possiamo affermare che, se l'amore, il dominio del mondo e la libertà sono i doni più grandi di Dio all'uomo, fondati nel suo essere cosciente, riflesso del Verbo creatore, essi, a causa del peccato, sono divenuti anche le sue più grandi tentazioni, le quali minacciano di travolgerlo nella rovina.

Nella medesima prospettiva, la redenzione di Cristo non appare quale rimedio in qualche modo "aggiunto" in seguito al peccato dell'uomo, rimedio che, poi, non si sa bene con quale logica, avrebbe aperto orizzonti soprannaturali del tutto nuovi per il destino umano, nello stesso tempo non previsti e previsti dall'eternità, bensì come la ripresa, attraverso l'opera di purificazione dal peccato, del piano originario divino.

Rileggiamo il celebre testo di San Paolo agli Efesini:

«Benedetto sia Dio, Padre del Signore nostro Gesù
Cristo,
che ci ha benedetti con ogni benedizione spirituale nei cieli, in Cristo.
In lui ci ha scelti prima della creazione del mondo,
per essere santi e immacolati al suo cospetto nella carità,
predestinandoci a essere suoi figli adottivi
per opera di Gesù Cristo,
secondo il beneplacito della sua volontà.
E questo a lode e gloria della sua grazia,
che ci ha dato nel suo Figlio diletto;
nel quale abbiamo la redenzione mediante il suo sangue,
la remissione dei peccati
secondo la ricchezza della sua grazia.
Egli l'ha abbondantemente riversata su di noi
con ogni sapienza e intelligenza,

poiché egli ci ha fatto conoscere il mistero della sua volontà,
secondo quanto nella sua benevolenza aveva in lui
prestabilito
per realizzarlo nella pienezza dei tempi:
il disegno cioè di ricapitolare in Cristo tutte le cose,
quelle del cielo come quelle della terra» (Ef 1, 3-10).

La teologia classica per troppo tempo ha trascurato la lezione di Scoto e di altri teologi, quali ad esempio Malebranche e Fornari, e, con la pretesa di conformarsi all'opinione di San Tommaso, ha fatto grandi acrobazie per interpretare in modo riduttivo le parole di San Paolo: «In lui ci ha scelti prima della creazione del mondo (...) secondo quanto nella sua benevolenza aveva in lui prestabilito» e presentare questa scelta fatta dall'eternità quale conseguenza del peccato.

In realtà abbiamo visto che San Tommaso stesso, con felice incoerenza, nel testo citato - e se ne potrbbero riportare altri analoghi - riconduce l'opera salvatrice del Verbo al perfezionamento della creazione, pensato e voluto fin dall'eternità, indipendentemente dal peccato.

Ma la visione sapienziale che abbiamo proposto costituisce un progresso anche rispetto alla tradizione scotista. Essa, infatti, oltre a porre Cristo quale culmine - se pure soprannaturale - della creazione, mette a fuoco un aspetto finora trascurato dell'economia dell'incarnazione: il suo legame, niente affatto estrinseco, con il mistero della generazione umana.

Se in questo mistero sussiste la premessa-promessa dell'incarnazione del Verbo e se proprio nel disordine introdotto in questa premessa-promessa dobbiamo vedere la radice del peccato, da cui si sviluppa, quale organismo gerarchico perfettamente intelligibile, tutto il procedere peccaminoso dell'umanità, apparirà con palese evidenza che, come l'opera del Verbo unifica i misteri della creazione e dell'incarnazione, così essa riconduce alla medesima unità di prospettiva anche la tragedia della caduta e la sua provvidenziale redenzione.

Ripensiamo al fatto che, come abbiamo visto, nel piano divino originario era la donna, e la sublime esperienza dell'amore da lei suscitato nell'uomo, a dover fare da tramite rivelativo del volto personale di Dio, nel Verbo e nello Spirito, e, nello stesso tempo, a sostanziare la premessa-promessa dell'incarnazione del Verbo. Se, dunque, il sottrarsi della donna a questo ruolo e il conseguente disordine introdotto nella condotta umana e nel rapporto tra l'uomo e la donna si interpongono al piano divino di rivelarsi all'uomo e di divenire presente nella stessa vita del mondo, sarà il medesimo Verbo divino, che presiede a tutta la generazione umana come modello soprannaturale, a ristabilire il ruolo della donna nella sua integrità perché, assumendo la natura umana nella sua perfezione, egli possa ricondurre l'uomo al suo primitivo destino.

Abbiamo visto che «non l'uomo fu creato per la donna, ma la donna per l'uomo» (1Cor 11, 9). Certamente è Cristo che rappresenta la consumazione dell'umanità. Ma nello stesso tempo rimane vero che la donna, quale ultimo dono di Dio al mondo, rappresenta la perfezione dell'opera della creazione e, in particolare, della creazione dell'uomo. Ciò vuol dire che Cristo non potrebbe compiere il destino dell'uomo se non fosse accompagnato ad esso dalla donna, ricondotta alla sua originale missione rivelatrice della dimensione, superiore e divina, dell'amore. In un certo senso si potrebbe dire che la donna rappresenta tutta l'umanità, in quanto anelante alla sua perfezione, ma la consumazione di questo suo desiderio viene raggiunta soltanto per mezzo dell'Uomo-Dio, Gesù Cristo, che è uomo perfetto soltanto perché è anche la persona divina del Verbo, generato nel mondo dalla donna, ristabilita quale umile dimora e rivelatrice dello Spirito Santo.
Dobbiamo, dunque, concludere che la redenzione di tutto il mondo passa, come primo necessario gradino, attraverso la santificazione della donna? Esattamente.
Osserviamo che il piano divino originario prevedeva che l'uomo rispecchiasse, quale vicario, nella guida del mondo, del Verbo creatore, la divina Sofia, nella quale converge l'opera del Figlio e dello Sprito Santo. Ora, come la ragione umana riflette il Verbo, così l'amore riflette lo Spirito santo. Da questa convergenza dovrebbe derivare, come abbiamo detto, quella "luce intellettual piena d'amore" che dalla sua trascendente dimora celeste vorrebbe farsi presente nel mondo creato tramite l'uomo, illuminato dalla sua partecipazione alla luce divina.
Ma dal momento in cui la dimensione superiore dell'amore, a causa del peccato, si offusca, avviene che la ragione viene ad essere "luce intellettuale" priva d'amore e, a sua volta, l'amore soffre per essere in qualche modo separato dalla "luce intellettuale", e perciò tende a decadere verso dimensioni biologiche inferiori. Ma sia la ragione, sia l'amore conservano, nella loro incompletezza, un'incontenibile forza propulsiva, la quale, non essendo appagata dalla sua propria destinazione ad una infinita beatitudine divina, tende a provocare comportamenti distruttivi, di là da ogni misura, dell'uomo e del mondo a lui affidato.Data questa situazione, il ristabilimento del piano divino originario necessariamente richiede che la dimensione dell'amore sia risollevata dal suo decadimento carnale e sia ricondotta al suo ruolo spirituale originario. In tal modo la ragione e l'amore non rimarranno più "vedovi" l'una dell'altro e si insedierà finalmente, alla guida del mondo, quella "luce intellettual piena d'amore", che è riflesso della divina Sofia. Più ancora: la guida del mondo sarà trasfigurata dalla generazione, nella carne santificata dallo Spirito Santo, dello stesso Verbo divino. In questa prospettiva appare chiaramente che l'incarnazione del Verbo, quale soprannaturale perfezione dell'uomo, deve essere realizzata con il concorso di una

donna in cui la dimensione dell'amore generativo sia totalmente purificata dal peccato e perciò rifletta perfettamente l'amore divino dello Spirito Santo.È, infatti, missione del Verbo incarnato ricondurre il genere umano dal suo stato peccaminoso di guida disordinata e distruttiva del mondo al suo ruolo di vicario della divina Sofia. Per ottenere questo ristabilimento del piano divino originario era necessario che l'uomo e la donna, e la loro reciproca comunione di amore, fossero rigenerati per mezzo delle persone esemplari del Verbo umanato e della sua generatrice immacolata, ripiena di Spirito Santo. Si può trovare conferma di questa supposta economia di salvezza nella Parola di Dio? La risposta non può che essere positiva.

VIII

È universalmente noto che nella Sacra Scrittura ricorre, in diversi contesti, nell'Antico e nel Nuovo Testamento, l'immagine delle nozze tra l'uomo e la donna quale simbolo del rapporto di amore tra Dio e il suo popolo e tra Cristo e la Chiesa. Ma la comune prassi esegetica è di isolare, in qualche modo, la realtà spirituale simboleggiata dalla realtà che la rappresenta. Vi è, cioè, la tendenza a considerare il mistero dell'amore di Dio per il suo popolo e di Cristo per la Chiesa, sua sposa, come qualche cosa che, sebbene raffigurata dall'immagine delle nozze umane, non ha, tuttavia, con esse alcun rapporto sostanziale. Le nozze umane non sarebbero che l'allegoria di una realtà spirituale e non avrebbero con essa se non un legame puramente accidentale, quale sarebbe, ad esempio, il legame tra l'episodio storico del re della Palestina, Archelao, andato a Roma a chiedere l'investitura regale, e la parabola della mine nel Vangelo di Luca (Lc 19, 12ss.), che prende questo episodio ad immagine di un insegnamento spirituale. Ma per quanto questa prassi sia ampiamente diffusa, non credo che essa sia giustificata. Al contrario, si può a buon diritto sostenere che il mistero delle nozze umane sia coinvolto in modo sostanziale nell'economia della salvezza.Già il racconto contenuto nel secondo e terzo capitolo della Genesi suggerisce che la creazione della donna non sia semplicemente una pennellata finale di un quadro già completo, ma sia, piuttosto, l'elemento perfettivo dell'universo creato, con il quale l'opera della creazione e della salvezza viene avviata verso il suo compimento. In questa prospettiva l'amore tra l'uomo e la donna non appare come un dato spiritualmente indifferente, bensì come un tassello indispensabile della strada che condurrà alla consumazione dell'umano destino attraverso l'incarnazione del Figlio di Dio.Questa lettura del testo biblico appare confermata dalle parole rivolte da Dio al serpente nel cosiddetto "Protovangelo":

«Io porrò inimicizia tra te e la donna,tra la tua stirpe
e la sua stirpe:questa ti schiaccerà la testa
e tu le insidierai il calcagno» (Gn 3, 15).

Come si vede, nel Protovangelo, ancor prima che una dottrina mariana, ed eventualmente come base di essa, appare con piena evidenza il ruolo sostanziale della donna nella storia della salvezza - della donna in quanto madre e dell'uomo vincitore del serpente in quanto stirpe della donna. Sembra di poter dire che la donna, la quale doveva essere il gradino finale della creazione, destinato ad aprire la strada alla comunione dell'uomo con Dio e all'incarnazione di Cristo nel mondo, se con il peccato originale è venuta a decadere dal suo ruolo di strumento privilegiato della rivelazione divina, nello stesso tempo ha però conservato l'aspirazione a riconquistarlo, grazie al mistero di amore e di maternità che è impresso indelebilmente nel suo stesso essere. Questo mistero sarà il più implacabile avversario del serpente, il quale, sapendolo, scatenerà una lotta all'ultimo sangue contro di esso, e quindi contro la donna. Ma la stirpe della donna, cioè l'uomo che riacquisisce la coscienza del proprio legame sostanziale con l'amore che lo ha generato - riflesso dell'amore creativo e, più ancora, generativo di Dio - sarà infine vittorioso sulle sue insidie e lo annienterà.In questa prospettiva, che investe la donna nella sua profonda essenza, si inserisce il ruolo eccezionale di Maria, la quale, in quanto "benedetta fra le donne" e loro sublime rappresentante, porta a compimento l'aspirazione iscritta incancellabilmente nel cuore muliebre a riacquisire la propria dignità perduta. Analogamente il risveglio nell'uomo della dimensione dell'amore, sollecitato dall'amore sponsale e materno della donna, raggiunge la sua consumazione nella "stirpe" per eccellenza della donna, cioè in Gesù Cristo, figlio di Dio e figlio di Maria, il quale conferisce un carattere divino all'amore filiale, sponsale e fraterno e lo estende a tutto il genere umano.Vi è un libro nell'Antico Testamento che, forse più di ogni altro, conferma e rafforza il ruolo non accidentale della donna e del mistero sponsale nella storia della salvezza: il Cantico dei cantici. Secondo una tradizione rabbinica, durante una discussione sull'opportunità o meno di conservare il Cantico dei cantici nel canone biblico, si alzò il saggio Rabbi Akiba e disse: "Tutta la Scrittura è santa, ma il Cantico dei cantici è il Santo dei Santi!"

Se, dunque, è vero che il Cantico dei cantici è, in qualche modo, il cuore della Sacra Scrittura, non sarà affatto arbitrario riabilitare, assai più di quanto non si faccia abitualmente, il ruolo della donna e dell'amore sponsale quale aspetto tutt'altro che accidentale dell'economia divina.

A. Guillaumont, nella sua recensione del volume "Le Cantique des cantiques. Traduction et commentaire", di A. Robert e R. Tournay (Paris, 1963) - in "Revue d'histoire des religions", 167-2 (1965), pp. 197-203 - pur esprimendo il più grande apprezzamento per l'impegno di André Robert nel sostenere, con maggiore solidità dei suoi predecessori, l'interpretazione del Cantico dei cantici quale allegoria dell'amore di Dio per il suo popolo, rileva alcune forzature dell'illustre esegeta nel voler leggere in ogni aspetto del poema significati esclusivamente simbolici. A giudizio del Guillaumont, certamente il Cantico dei cantici è stato accolto nel canone biblico perché molto presto se ne dette un'interpretazione allegorica, ma all'inizio esso doveva essere una raccolta di canti di ispirazione propriamente nuziale. Se questa lettura è esatta, il sovrapporsi dell'interpretazione simbolica dell'amore di Dio per il suo popolo all'espressione spontanea dell'amore nuziale conferma il ruolo non meramente strumentale dell'immagine dell'amore sponsale nel linguaggio biblico.In questa prospettiva è importante

rilevare il senso allusivo di uno dei versetti più significativi del Cantico dei cantici: «Il mio diletto è per me e io per lui» (Cn 2, 16).
Secondo autorevoli esegeti, questo versetto non è messo a caso, ma contiene un riferimento al celebre testo della Genesi: «Verso tuo marito sarà il tuo istinto, ma egli ti dominerà» (Gn 3, 16). In quest'ultimo testo la condizione della donna riflette la punizione dopo il peccato. È lei che sente l'attrattiva verso l'uomo, il quale, da parte sua, non appare quale sposo amorevole, ma piuttosto quale dominatore. Al contrario, nel testo del Cantici dei cantici la situazione si rovescia: è l'uomo che per primo sperimenta l'amore per la sua sposa e da questo amore scaturisce un rapporto paritario di reciproca donazione. Se questa immagine si presta meravigliosamente a prefigurare la riconciliazione tra Dio e il suo popolo, non c'è dubbio che, nello stesso tempo, essa prefigura la riconciliazione tra l'uomo e la donna e la redenzione del mistero dell'amore nuziale dalla maledizione che lo aveva segnato dopo il peccato.
Venendo, ora, al Nuovo Testamento, possiamo limitarci ad un testo fondamentale, che riguarda da vicino il nostro argomento - che, del resto, appare in molti altri aspetti del messaggio neotestamentario, come, ad esempio, nel fatto, già in precedenza osservato, che il Vangelo di Giovanni, nella sua parte narrativa, si apre con una festa nuziale, e, dunque, con un sostanziale riferimenro al mistero delle nozze umane - cioè il seguente passaggio della lettera agli Efesini:«Le mogli siano sottomesse ai mariti come al Signore; il marito infatti è capo della moglie, come anche Cristo è capo della Chiesa, lui che è il salvatore del suo corpo. E come la Chiesa sta sottomessa a Cristo, così anche le mogli siano soggette ai loro mariti in tutto.E voi, mariti, amate le vostre mogli, come Cristo ha amato la Chiesa e ha dato se stesso per lei, per renderla santa, purificandola per mezzo del lavacro dell'acqua accompagnato dalla parola, al fine di farsi comparire davanti la sua Chiesa tutta gloriosa, senza macchia né ruga o alcunché di simile, ma santa e immacolata. Così anche i mariti hanno il dovere di amare le mogli come il proprio corpo, perché chi ama la propria moglie ama se stesso. Nessuno mai infatti ha preso in odio la propria carne; al contrario la nutre e la cura, come fa Cristo con la Chiesa, poiché siamo membra del suo corpo. Per questo l'uomo lascerà suo padre e sua madre e si unirà alla sua donna e i due formeranno una carne sola. Questo mistero è grande; lo dico in riferimento a Cristo e alla Chiesa! Quindi anche voi, ciascuno da parte sua, ami la propria moglie come se stesso, e la donna sia rispettosa verso il marito» (Ef 5, 22-33).
Il fatto che San Paolo, dopo l'espressione, così pregnante, «questo mistero è grande», si premuri di aggiungere: «lo dico in riferimento a Cristo e alla Chiesa», ha fatto sì che l'attenzione sia stata spesso troppo distratta dalla realtà nuziale, quasi che essa non fosse realmente implicata nella dottrina esposta, in questo

luogo, dall'apostolo. Sembra, tuttavia, evidente che riservare l'attenzione esclusivamente al mistero soprannaturale di Cristo e della Chiesa, quasi che il sacramento nuziale avesse con esso un legame puramente estrinseco, non sia giustificato.

Non c'è dobbio, in ogni caso, che questo testo sia servito per rivalutare l'amore umano, anche nel suo significato soprannaturale. Sembra, tuttavia, che questo aspetto meriti di essere ulteriormente approfondito, mettendo in luce i suoi legami sostanziali con la cristologia e la mariologia, come stiamo cercando di fare in queste meditazioni.

IX

«Cielo, stelle, terra, fiumi, giorno, notte e tutte le creature che sono sottoposte al potere dell'uomo o disposte per la sua utilità si rallegrano, o Signora, di essere stati per mezzo tuo in certo modo risuscitati allo splendore che avevano perduto, e di avere ricevuto una grazia nuova inesprimibile. Erano tutte come morte le cose, poiché avevano perduto la dignità originale alla quale erano state destinate. Loro fine era di servire al dominio o alle necessità delle creature cui spetta di elevare la lode a Dio. Erano schiacciate dall'oppressione e avevano perso vivezza per l'abuso di coloro che s'erano fatti servi degli idoli. Ma agli idoli non erano destinate. Ora invece, quasi risuscitate, si rallegrano di essere rette dal dominio e abbellite dall'uso degli uomini che lodano Dio».

Queste parole di Sant'Anselmo d'Aosta acquistano una più incidente e luminosa intelligibilità nella prospettiva che abbiamo cercato di delineare.

Infatti, porre la donna quale culmine della creazione - in quanto il rispecchiamento della divina fecondità, già adombrato nella scala crescente delle perfezioni del mondo inferiore, assurge nell'amore tra l'uomo e la donna alla luce della coscienza e si apre così alla comunione con Dio - mette in luce un legame tra il mondo incosciente e il mondo umano molto più profondo e coinvolgente del semplice legame tra conosciuto e conoscente, quale era tradizionalmente inteso.

Se la creazione non è che il "decadimento" - se ci è lecita l'espressione - della processione o generazione increata del Verbo nel seno della Trinità, e se questo "decadimento" si presenta poi come un'ascesa, gradino per gradino, per risollevarsi fino a raggiungere il modello primitivo, costituito dalla generazione increata, allora l'amore fecondo dell'uomo e della donna appare destinato, non solo a rivelare il volto di Dio alla creatura ragionevole, ma anche a dare il suo vero senso a tutto il creato.

Dio manifesta se stesso nello splendore della creazione, nella quale si riflette la divina causalità, non soltanto in quanto l'essere appare dal nulla, ma ancor più in quanto la vita nasce dalla vita. E quando il nascere dalla vita viene ad essere l'opera di un amore cosciente, in questo sublime rispecchiamento della vita trinitaria fluisce tutta la precedente preparazione incosciente, che perciò nel mistero sponsale umano ritrova se stessa. Se il profumo e il decoro dei fiori sono un segno vivente della sublimità della fecondità, e se il canto degli uccelli esprime il risvegliarsi dell'istinto della generazione, spontaneamente fiori e canto vengono ad adornare le nozze dell'uomo e della donna.Ciò significa che la «luce intellettual piena d'amore» è destinata non solo a mostrare la connaturalità dell'uomo e della donna con Dio, ma anche a porsi come vicaria del Verbo e dello Spirito a guida della creazione, ad essere, cioè, simile alla divina Sofia, che « si estende da un confine all'altro con forza» e «governa con bontà eccellente ogni cosa» (Sp 8, 1). Se la decadenza del peccato, offuscando il mistero dell'amore cosciente e sottraendolo, così, alla luce del suo modello divino, sottomette il mondo alla sola ragione e volontà umane, rese imperfette, perché non elevate al regno dell'amore, e se, nello stesso tempo, il volto di Dio, che doveva illuminare tutto l'orizzonte del creato per mezzo dell'uomo e della donna, si oscura, la redenzione di tutto il creato passa necessariamente attraverso il ristabilimento dell'amore tra l'uomo e la donna nel suo ruolo di culmine della creazione, ovvero di scalino terminale dell'ascensione di tutto il creato dal suo iniziale "decadimento" al rispecchiamento cosciente della generazione increata.«Illos tuos misericordes oculos ad nos converte, et Iesum benedictum fructum tuum nobis ostende».In queste parole della "Salve Regina" viene espresso il ritrovamento di quello sguardo di amore, non offuscato dal peccato, che con il peccato di Eva e di Adamo era andato perduto, e perciò la rivelazione del vero volto di Dio all'uomo - e la perdita della visione del volto di Dio diviene causa di morte per tutto il creato: « Se nascondi il tuo volto, vengono meno, togli loro il respiro, muoiono e ritornano nella loro polvere» (Sl 103, 29), mentre il suo riapparire fa rifluire lo Spirito Santo Creatore su tutte le creature: « Mandi il tuo spirito, sono creati, e rinnovi la faccia della terra» (Sl 103,30). Ma, nello stesso tempo, questo mistero di amore contiene necessariamente in sé il mistero della fecondità divina, cioè della generazione eterna del Verbo dal Padre, animata dalla fiamma dello Spirito Santo. Dunque la rivelazione di Dio non è completa se non nella nascita al mondo del Verbo di Dio umanato.In questa prospettiva sapienziale, tutto il creato appare fin dall'inizio prima inconscientemente, poi, con l'apparire dell'uomo, coscientemente anelante a rivelare il volto di Dio, attraverso l'imitazione della causalità divina in sempre più alti gradi di perfezione, fino alla perfezione assoluta della generazione del Verbo nella carne.

Ciò mostra come l'amore umano(-divino) più perfetto è l'amore verginalmente fecondo di Maria, che trova il suo sublime complemento nell'amore verginalmente filiale e sponsale di Gesù. Sarà, dunque, l'amore verginale la luce umano-divina che illuminerà e redimerà dal peccato anche l'amore sponsale, umanamente e biologicamente fecondo.

Ma ogni nascita umana racchiude almeno un barlume dell'opera feconda della divina Sofia. Per questo nel bambino ancora simbioticamente unito alla madre appare sempre un riflesso di quella cooperazione del Verbo con lo Spirito Santo che abbiamo voluto esprimere con il verso dantesco «vita intellettual piena d'amore». Il progresso dello sviluppo umano, segnato dal peccato, tende a distruggere questa unità dell'opera della divina Sofia e a disgiungere la ragionevolontà dall'amore, che tende a decadere nella sua funzione biologica. Ma rimane la nostalgia per quel residuo del paradiso terrestre che si irradia nella (relativa) innocenza dell'amore adolescenziale e della vita nascente.

Per questo come le nozze umane hanno sempre cercato la benedizione del cielo, così per l'infanzia si è cercata qualche forma di consacrazione. L'uno e l'altro costume umano - adombranti un'aspirazione veritiera del cuore dell'uomo - hanno trovato la loro realizzazione nel matrimonio e nel battesimo cristiano.

Le conseguenze di questa visione sapienziale, sia per i problemi eterni dell'umanità, sia per quelli più drammaticamente attuali incominciano ormai ad apparire.

X

L'assioma "nulla si crea, nulla si distrugge", diffuso negli ambienti scientifici, potrebbe rivelarsi nulla più che un'arbitraria espressione di un ingiustificato riduzionismo, il quale pretende, appunto, di ridurre tutta la realtà alla dimesione puramente fisico-chimica-inorganica e di appiattire su di essa ogni manifestazione biologica e cosciente.

Ammesso, come ipotesi, del resto problematica, che nel mondo fisico-chimico non si diano mutamenti quantitativi, lo stesso principio non vale più per il mondo biologico, e meno ancora per il mondo cosciente. Infatti, il continuo sorgere di nuove vite per generazione costituisce certamente una novità non riducibile alla semplice riorganizzazione della materia inorganica.

Una dimostrazione macroscopica di questo fatto incontestabile è data dal patrimonio di fossili organici che costituisce, a tutt'oggi, la riserva energetica che ha permesso, negli ultimi secoli, un così strabiliante sviluppo della civiltà umana. Il fatto che questo sviluppo abbia, infine, mostrato i suoi aspetti problematici e inquietanti è un problema che dovrà essere affrontato in seguito. Per il momento limiatiamoci a considerare il seguente dato: se non ci fosse stata la "novità" costituita dal sorgere della vita e dal suo moltiplicarsi attraverso la generazione biologica, non si sarebbe prodotta quella incalcolabile quantità di energia che i giacimenti fossili hanno messo a disposizione dell'umanità dei nostri tempi moderni. Come, dunque, sostenere che il sistema "universo" è un sistema "chiuso" e che perciò esso va necessariamente verso un aumento dell'entropia e di morte termica? Non appare esso, al contrario, un sistema "aperto" alla riproduzione costante dell'ordine e dell'energia?Di fronte a questo dato, si può ancora ripetere che "nulla si crea, nulla si distrugge"? Ribadire questo principio come un assioma indiscutibile significherebbe voler ridurre, dogmaticamente, il sorgere della vita e il suo moltiplicarsi attraverso la generazione biologica ad un semplice epifenomeno di procedimenti esclusivamente fisico-chimici. Non sembra che la più moderna biologia sia disposta ad accettare questo riduttivismo. Al contrario, vi è una tendenza a riscoprire alcuni dati della filosofia naturale di Aristotele, secondo il quale gli esseri naturali sono costituiti da due principi irriducibili: la materia e la forma, dei quali la forma costituisce un principio non materiale. Quest'ultimo dà unità e significato al composto organico. Mentre, cioè, da una parte si oppone alla molteplicità degli elementi materiali, conferendo loro un'unica finalità - dunque un "ordine"! - dall'altra attinge il livello di ciò che sarà, al momento dell'apparire della dimensione superiore della coscienza, l'intelligibilità degli esseri del mondo. Cosiderando, per il momento, soltanto l'aspetto di unità e di finalità conferito dalla forma al composto organico, notiamo che è grazie ad essa che gli elementi materiali assumono una nuova configurazione e un nuovo modo di essere e che, perciò, acquistano anche una diversa ricchezza di energia, che, anche a distanza di millenni, costituisce una riserva qualitativamente determinata a disposizione dell'uomo.

Usando sempre un linguaggio aristotelico - divenuto, del resto, il linguaggio del senso comune - possiamo ora aggiungere che questa disponibilità di energia rimarrebbe soltato potenziale se non intervenisse un nuovo fattore, e cioè il sorgere di una dimensione nuova, superiore alla stessa dimensione biologica: la dimensione della coscienza.Questa dimensione, per quanto sia nuova rispetto al mondo inorganico e al mondo biologico, non è, tuttavia, ad essi estranea, nel senso che la forma - di cui abbiamo sottolineato la presenza nei corpi organici, ma che è presente, se pure in modo diverso, anche nel mondo inorganico - come abbiamo accennato, oltre a conferire unità e finalità ai corpi, dà ad essi anche l'intelligibilità. Questa parola indica il fatto che una forma, appunto perché conferisce unità ad un composto, gli dà anche un significato, ovvero la potenzialità di essere elevato al livello superiore della coscienza e "conosciuto".

La conoscenza viene definita come la presenza dell'ente conosciuto nel conoscente in una nuova formalità. Questa formalità risponde alla dimensione nuova della coscienza, nella quale l'ente conosciuto è presente non materialmente, bensì quanto al significato che gli è conferito dalla sua forma. Una volta che l'ente, organico o inorganico, è stato "conosciuto" dalla coscienza nel suo essere intelligibile, esso viene elevato ad una dimensione nuova, che apre la strada a infinite elaborazioni da parte dell'uomo cosciente.

Possiamo fare un esempio per meglio chiarire questo punto. Nella natura vi è un incalcolabile numero di "archi", sia nel mondo inorganico, sia nel mondo organico. La forma dell'arco appare, ad esempio, nelle configurazioni geologiche, come nei rivolgimenti degli elementi liquidi, come nel mondo vegetale e animale. Ma sarà soltanto la coscienza a portare all'atto la potenzialità intelligibile della forma dell'arco e a saper "leggere" questa forma presente nella natura. Ovviamente il modo in cui la forma dell'arco è presente nella coscienza possiede una qualità del tutto nuova rispetto al modo in cui essa è presente nella natura. Ma se il modo di presenza è qualitativamente diverso, la forma, come tale, è esattamente la medesima.Come, dunque, il mondo inorganico viene rinnovato dall'apparire delle forme proprie del mondo biologico, così, con un ulteriore salto di qualità, il mondo fisico-biologico viene rinnovato dalla sua presenza nella nuova dimensione della vita cosciente, e questa dimensione permette lo sviluppo di un'infinita varietà di "creazioni", ad opera della vita cosciente dell'uomo.Se applichiamo questi principi alla ricchezza di energia accumulata dal patrimonio fossile, possiamo dire che esso rimarrebbe allo stato meramente potenziale se non intervenisse la dimensione superiore dalla coscienza a "leggere" in esso la sua qualità formale di energia disponibile per le utilità dell'uomo. Gli esempi che abbiamo fatto suggeriscono che sia il nuovo livello biologico, sia l'ulteriore livello delle coscienza scavalchino il princio riduttivistico espresso dalla massima "nulla si crea, nulla si distrugge", non soltanto nelle nuove dimensioni intervenute nello sviluppo del mondo, bensì anche nel suo stesso sostrato materiale.Quanto è stato detto fin qui vorrebbe offrire lo spunto di un possibile dialogo tra le discipline più propriamente filosofiche e quelle scientifiche - con l'avvertenza che di queste ultime l'autore non è competente.Se i principi fin qui esposti hanno qualche obiettiva validità, essi possono anche offrire la possibilità di un approfondimento più propriamente teologico.Il discorso che si vorrebbe fare, e che si riallaccia a quanto è stato esposto nei contributi precedenti, si fonda su un principio metafisico basilare: il cosiddetto "primato dell'atto". Secondo questo principio, il fondamento di tutto non è la potenza, bensì l'atto, e la potenza riceve il suo senso e il suo essere dall'atto, non viceversa. Se passiamo dal piano meramente valutativo al piano cronologico, il fatto che l'atto si manifesti generalmente come sviluppo successivo rispetto alla potenza non pregiudica la validità del principio, e ciò implica necessartiamente che, in realtà, anche cronologicamente l'atto ha un'esistenza anteriore rispetto alla potenza. Come è possibile sostenere questo punto di vista in relazione ad un universo che sembra essere sorto in uno stato puramente potenziale rispetto ai gradi superiori dell'essere? Il punto di vista è pienamente giustificato dalla conseguenza logica inevitabile che il sorgere dell'universo, oltre ad avere avuto un momento iniziale, non può non essere derivato da un atto di creazione operato da un Ente in possesso di una perfetta ed infinita attualità: l'Atto Puro.Ma a questa dottrina classica dobbiamo oggi aggiungere approfondimenti suggeriti da una più ampia conoscenza, sia del soggetto umano, sia del mistero cristiano.Una certa teologia, venerabile, ma troppo irrigidita in schemi scolastici, aveva posto da una parte la creazione e tutte le sue dimensioni come oggetto delle scienze naturali e umane, e dall'altra la rivelazione cristiana, quasi che tra le due vi fosse una sorta di estraneità. Non era questa, certamente, l'intenzione vera dei teologi, ma di fatto nella coscienza comune si era formata questa immagine: l'uomo era stato creato in uno stato di innocenza e di elevazione soprannaturale; con il peccato questa stato era stato guastato, facendo perdere all'uomo, insieme alla grazia divina, lo stesso buon ordine delle facoltà umane, e quindi causando un disordine nella sua vita terrena ed escludendolo dalla vita eterna; per sanare questa situazione era intervenuto il mistero dell'incarnazione, che avrebbe permesso a Cristo di prendere su di sé i peccati degli uomini e, attraverso la sua passione, ottenerne il perdono, e così riaprire, in modo nuovo e superiore, la vita di grazia dell'uomo, ristabilendo un certo ordine nella vita terrena e soprattutto riabilitando l'uomo ad entrare nella vita sopranaturale eterna. In tutto ciò il mondo creato aveva il compito di far conoscere, come sua causa prima, il Dio creatore, ma il vero senso della vita dell'uomo e la sua salvezza finale si fondavano esclusivamente sulla novità intervenuta con l'incarnazione, e ancor più con la passione di Cristo. Cristo rimaneva presente nel mistero della vita eterna, ma soprattutto nella sua essenza divina e soprannaturale.Sebbene vi fossero, nella tradizione teologica cattolica, moltissimi esempi di superamento di questa sorta di estraneità del mondo soprannaturale rispetto al mondo creato, non si può negare che nella catechesi ordinaria vi fosse una forte tendenza ad una comoda, ma poco saggia, semplificazione, che facilmente rinforzava il senso della suddetta estraneità.Nella visione sapienziale che stiamo proponendo, vorremmo porre un principio basilare, che non è affatto sconosciuto nella tradizione teologica cattolica, ma che, per un eccesso di semplificazione, ha finito per cadere nella dimenticanza. Secondo questo principio, l'opera trinitaria della creazione, grazie al primato dell'atto, fin dall'origine aspira a compiersi attraverso l'elevazione a gradi sempre più alti, fino ad incontrarsi con la generazione eterna del Verbo divino, che costituisce l'Atto e il modello supremo di essa.Dunque il mondo soprannatuare non ha un carattere di estraneità al mondo naturale, ma, al contrario, ha con esso una connaturalità sostanziale, e lo stesso mistero dell'incarnazione non deve essere inteso come un "rimedio" intervenuto in un secondo momento per sanare, in modo strabiliante, una situazione compromessa. Proprio il fatto che nell'atto della creazione si riflette il mistero della processione delle persone divine indica, invece, che vi è, tra creazione e processione trinitaria, una sostanziale connaturalità e che, perciò, il passaggio dalla causalità meccanica alla causalità biologica, alla causalità cosciente, alla divina incarnazione del Verbo, se è fondato su reali salti di qualità da una dimensione all'altra dell'essere, non testimonia, tuttavia, un'estraneità tra i diversi gradi, e in particolare tra i primi e l'ultimo, bensì una mirabile continuità, iscritta nell'aureo principio del primato dell'atto.Vedremo nei successini contributi, quali consegueze scatruriscano da questa revisione dei principi teologici. Per il momento ci limitiamoa riportare la seguente citazione biblica:«Egli infatti ci ha salvati e ci ha chiamati con una vocazione santa, non già in base alle nostre opere, ma secondo il suo proposito e la sua grazia; grazia che ci è stata data in Cristo Gesù fin dall'eternità, ma è stata rivelata solo ora con l'apparizione del salvatore nostro Cristo Gesù, che ha vinto la morte e ha fatto risplendere la vita e l'immortalità per mezzo del vangelo, del quale io sono stato costituito araldo, apostolo e maestro» (2Tim 1, 9-11).

XI

Abbiamo già accennato al fatto che la prospettiva sapienziale che qui viene proposta offre, tra le altre cose, il vantaggio di abbracciare in una visione unitaria - «una simplex omnium» per usare le parole di San Tommaso relative alla conoscenza divina (Summa Theologiae, I, q. 1, art. 2, ad 2m) - i praeambula fidei, la teologia naturale, la teologia trinitaria, la dottrina della creazione, la cristologia, la mariologia, l'economia della redenzione, la teologia morale e l'escatologia. La stesse problematiche più attuali e drammatiche sono ricomprese in modo nuovo e originale in questa rinnovata visione teologica.Per cercare di illustrare meglio questo aspetto, conviene procedere con ordine, considerando uno per uno i diversi ambiti, al fine di «distinguere per unire».Parliamo, per prima cosa, dei Praeambula fidei e della teologia naturale.Si è spesso abusato di quanto scrive San Paolo: «Anch'io, o fratelli, quando sono venuto tra voi, non mi sono presentato ad annunziarvi la testimonianza di Dio con sublimità di parola o di sapienza. Io ritenni infatti di non sapere altro in mezzo a voi se non Gesù Cristo, e questi crocifisso. Io venni in mezzo a voi in debolezza e con molto timore e trepidazione; e la mia parola e il mio messaggio non si basarono su discorsi persuasivi di sapienza, ma sulla manifestazione dello Spirito e della sua potenza, perché la vostra fede non fosse fondata sulla sapienza umana, ma sulla potenza di Dio» (1Cor 2, 1-5), quasi che con queste parole l'apostolo volesse vanificare il valore della ragione umana per affermare il valore esclusivo della sola fede. Ad una lettura attenta appare evidente che qui San Paolo, se indubbiamente proclama con forza che la salvezza viene a noi dal mistero di Cristo, e non dall'ingegno dell'uomo, non intende, però, affermare che la ragione umana, nel suo proprio ambito, non abbia alcun valore.Lo stesso San Paolo scrive:
«In realtà l'ira di Dio si rivela dal cielo contro ogni empietà e ogni ingiustizia di uomini che soffocano la verità nell'ingiustizia, poiché ciò che di Dio si può conoscere è loro manifesto; Dio stesso lo ha loro manifestato. Infatti, dalla creazione del mondo in poi, le sue perfezioni invisibili possono essere contemplate con l'intelletto nelle opere da lui compiute, come la sua eterna potenza e divinità» (Rm 1, 18-20).
E poco dopo aggiunge:
«Quando i pagani, che non hanno la legge, per natura agiscono secondo la legge, essi, pur non avendo legge, sono legge a se stessi; essi dimostrano che quanto la legge esige è scritto nei loro cuori come risulta dalla testimonianza della loro coscienza e dai loro stessi ragionamenti, che ora li accusano ora li difendono» (Rm 2, 14-15).

Da questi brevi accenni di San Paolo si comprende che vi è una sorta di "religione naturale", fondata sulla ragione e sulla coscienza, la quale predispone l'uomo ad avere un'intuizione, almeno imperfetta, di Dio e della legge morale che egli ha impresso nel suo cuore.
La tradizione teologica ha dato a queste predisposizioni religiose naturali, presenti in ogni uomo, il nome di "preamboli della fede" - cioè una sorta di prerequisito di cui la predicazione della fede deve tenere il debito conto. Questo, come è ovvio, non significa sostituire con un discorso di sapienza umana la salvezza che viene esclusivamente dalla croce di Cristo, ma predisporre gli animi all'ascolto attento della predicazione del Vangelo.
Attraverso i secoli le indicazioni date da San Paolo sui preamboli della fede sono state ampiamente sviluppate. Ci si può, tuttavia, chiedere se non si giunto il momento di presentare in modo profondamente rinnovato questo capitolo teologico così importante, e oggi così trascurato o anche rifiutato, alla luce della visione sapienziale che stiamo cercando di promuovere.
Proviamo a suggerire un percorso in qualche modo nuovo ed originale.
San Paolo scrive: «dalla creazione del mondo in poi, le sue perfezioni invisibili possono essere contemplate con l'intelletto nelle opere da lui compiute», e, a titolo di esempio, aggiunge: «come la sua eterna potenza e divinità» (Rm 1, 20).
L'apostolo non si dilunga ulteriormente, ma sembra del tutto legittimo cercare di seguire, con la maggiore completezza possibile, la via da lui indicata.
Se Dio rivela se stesso nella creazione del mondo, volgere uno stupito sguardo scrutatore su questa sua opera mirabile dovrebbe permetterci di aprire l'animo alla sua autorivelazione. Come ci dice San Paolo, lo sguardo che dobbiamo portare sulle opere della creazione non deve limitarsi ad una visione corporea, ma deve essere illuminato dalla luce della coscienza. «Le sue perfezioni invisibili» egli afferma «possono essere contemplate con l'intelletto».È certamente conforme al sentire dell'apostolo riferire il discorso sulla creazione alle stesse pagine della Bibbia. Ora, in quali termini il libro della Genesi presenta l'autorivelazione di Dio nella creazione? Tanto nella prima quanto nella seconda narrazione la creazione si realizza con una sorta di gradualità, presentando sempre nuove e più gloriose manifestazioni della divina sapienza. Nella prima narrazione si ascende dalla confusa tenebra iniziale, attraverso il mondo inorganico, fino al mondo organico, fino all'uomo, creato maschio e femmina a immagine e somiglianza di Dio. Nella seconda narrazione la coscienza dell'uomo cerca per tutta la natura inferiore un dono di Dio che corrisponda al suo anelito e non lo trova se non quando il mondo creato raggiunge la sua perfezione con la creazone della donna, la quale, dunque, appare come l'ultimo intervento dell'artista divino nell'opera in cui egli manifesta se stesso.

Le perfezioni di Dio manifestate nelle opere della creazione - dice l'apostolo - «possono essere contemplate con l'intelletto». Ora l'intelletto umano è soggetto a profondi cambiamenti, i quali incidono sul suo modo di vedere. È celebre la seguente pagine di Teofilo di Antiochia:
«Che se poi tu mi obietterai: Mostrami il tuo Dio. Io ti risponderò: Mostrami il tuo uomo. E io ti mostrerò il mio Dio. Fammi constatare se gli occhi della tua anima sono capaci di sentire (...) Poiché Iddio è visto da coloro che possono comprenderlo, perché hanno aperti gli occhi dell'animo. Tutti hanno gli occhi, ma alcuni sono cosparsi di caligine e non scorgono la luce del sole; e non perché i ciechi non possono percepire la luce splendente del sole, essa non esiste, ma essi devono farne risalire la causa a loro stessi e ai loro occhi. Così anche tu hai gli occhi del tuo animo offuscati da caligine, per le nefandezze e i peccati tuoi. L'uomo deve mantenere l'anima pura come terso specchio. Quando la ruggine si posa su uno specchio, in esso non si può rispecchiare l'immagine dell'uomo; così quando il peccato si radica nell'animo dell'uomo, egli non può avere la visione di Dio».
Ma non è soltanto il peccato che debilita la visione intellettiva di Dio. Senz'altro l'intelletto umano attende la sua perfezione oltre che dal senso delle realtà conosciute che gli si manifestano, anche dalla disposizione con cui si accosta ad esse. Questa disposizione può essere offuscata dal peccato, ma può anche risultare imperfetta fino a che l'opera della creazione dell'uomo non abbia raggiunto la sua completezza.
Mentre le meraviglie del mondo naturale dispongono l'intelletto a riconoscere l'impronta della sapienza divina nella creazione, l'apparire della donna non solo eleva il poema della crezione ad un livello più alto, incommensurabile con il mondo naturale, perché ella, come l'uomo, è dotata di coscienza, ma risveglia una nuova luce di perfezione nell'intelletto umano. Dal momento in cui lo sguardo dell'uomo si incontra con lo sguardo della donna non parliamo più soltanto di «luce intellettuale», bensì dobbiamo parlare con Dante di: «luce intellettual piena d'amore».
Da questo momento il modo stesso di contemplare le perfezioni di Dio nella creazione subisce un mutamento sostanziale. Tutto il poema della creazione appare come rivelazione, intuizione, promessa di partecipazione alla vita divina, manifestata come infinita comunione di amore e già da ora in qualche misura partecipata all'uomo e alla donna, creati a immagine e somiglianza di Dio.
Ma l'amore dell'uomo e della donna è per sua natura fecondo di una discendenza infinita. Ora, in questa stessa discendenza infinita non vi è come l'intuizione di un'ulteriore rivelazione del mistero di Dio? Non vi è il presentimento che la creazione stessa attende ancora un'ulteriore perfezione, perché possa

compiutamente manifestare il divino artista che in essa si esprime? E questa perfezione non sarà necessariamente la generazione del Figlio stesso di Dio, non soltanto nel divino mistero della Trinità, ma anche nel mondo creato, che della Trinità deve essere la compiuta espressione?

È qui opportuno richiamare l'immagine molto suggestiva con cui San Tommaso, nel Prologo al Primo Libro delle Sentenze, presenta l'opera della creazione alla luce del mistero delle Divine Persone e delle loro eterne processioni: il Verbo divino procede dal Padre come un fiume che scorra nell'alveo della divinità, e da questa processione eterna, per l'impeto stesso della corrente mossa dall'Amore increato, irrompe al di fuori dell'eternità, quasi fosse un canale che travalichi gli argini del fiume divino, l'opera della creazione; nel suo stesso movimento essa rispecchia la processione della Persone Divine, sua causa e modello, e, procedendo verso forme di causalità sempre più simili al suo esemplare increato, si eleva fino alla generazione umana - che, se è detta "procreazione" perché in qualche modo collabora con la creazione, in più possiede una sua propria connaturalità con la generazione divina e con la sua pienezza ontologica, incommensurabile con l'atto della creazione, che ne rappresenta, per così dire, un imperfetto rispecchiamento. Proprio da questa connaturalità scaturisce, infine, il superamento dei limiti creaturali, con l'accoglimento, nella generazione umana, della stessa generazione eterna del Verbo divino, primo modello e ultimo compimento di tutto il movimento della creazione.

Dunque i preamboli della fede e la contemplazione di Dio con l'intelletto attraverso le opere della creazione già appaiono come ricompresi in un unico sguardo nella visione sapienziale in cui si manifesta il misterioso disegno di Dio nascosto nella Trinità divina fin dall'eternità.

XII

Quanto abbiamo detto dei praeambula fidei e della teologia naturale, già ci ha portato ad addentrarci nella teologia trinitaria, nella dottrina della creazione e nella cristologia. Se, infatti, il fondamento di ogni teologia naturale è - come è stato detto in precedenza - il principio metafisico del primato dell'atto, l'atto a cui l'intuizione della Divinità a partire dalle creature aspira non può non identificarsi con la vita trinitaria e con l'economia della sua automanifestazione nel mondo creato, in essa presente da tutta l'eternità.

Si obietterà che la sola ragione umana, fondamento dei praeambula fidei e della teologia naturale, non potrebbe attingere i misteri della vita trinitaria e dei suoi eterni progetti senza una speciale rivelazione divina. Ma questa stessa dottrina tradizionale, senza essere negata, dovrebbe ricevere una più approfondita e rinnovata interpretazione.

Se, distaccandoci dalla vulgata catechistica tradizionale, non consideriamo più l'incarnazione come un semplice rimedio al peccato, intervenuto successivamente nei piani divini, ma, alla scuola di Scoto e di Malebranche, vediamo in essa l'atto primo dell'intenzione divina, al quale sono subordinati tanto il mistero della creazione, quanto l'economia della redenzione, non possiamo non supporre che nella creazione stessa vi sia come un presentimento di quei misteri di perfezionamento del creato e di salvezza dal peccato che la predicazione del Vangelo metterà in piena luce. Certamente sarà la fede cristiana a dare compiuto svolgimento alle intuizioni imperfette ed implicite della coscienza umana, e, anzi, solo per una certa irradiazione retroattiva della rivelazione evangelica quelle prime intuizioni sveleranno il loro pieno senso. E, tuttavia, quelle intuizioni hanno la loro consistenza fin dall'origine.

Per comprendere meglio questo punto, possiamo fare un confronto con la situazione della coscienza umana nel tempo succesivo alla diffusione del Vangelo nel mondo. A questo proposito è opportuno rilevare che anche la dottrina tradizionale della distinzione tra filosofia e teologia andrebbe profondamente rinnovata. Infatti il principio secondo il quale rientrano nella filosofia soltanto le verità attingibili dalla mera ragione, mentre le verità rivelate dalla rivelazione e conosciute per fede sono appannaggio esclusivo della teologia, deve confrontarsi con una realtà storica che lo mette gravemente in crisi.

Se ci chiedessimo in che misura le dottrine dogmatiche e morali del cristianesimo hanno influenzato il pensiero e l'attività umana, anche al di fuori della Chiesa e del mondo cristiano, dovremmo ammettere che le prospettive aperte dal Vangelo hanno fecondato in modo incalcolabile la coscienza e l'azione dell'uomo, anche dove non era presente la luce della fede.

Facciamo due esempi, estremamente eloquenti, che si potrebbero replicare all'infinito. Qual è il titolo delle due opere che stanno in qualche modo alla base dell'ateismo contemporaneo? "Le nouveau christianisme" (1825) di Henri de Saint-Simon e "L'essenza del cristianesimo" (1841) di Ludwig Feuerbach. L'una e l'altra opera, per vie diverse, ma convergenti, intendono distinguere nel cristianesimo un aspetto positivo e fecondo per la vita del mondo e un aspetto negativo e caduco, dal quale il primo deve essere liberato per poter esprimere compiutamente se stesso. Ovviamente i due filosofi, e la loro immensa progenie, hanno preteso di fondare il loro nuovo cristianesimo sulla sola ragione, ma nessuno potrà negare che, in realtà, la loro filosofia umanistica non sarebbe mai nata senza la potente ispirazione della fede cristiana.
Ciò che abbiamo ricordato non è una mera coincidenza, ma trova la sua spiegazione nel fatto che i misteri della fede hanno, in realtà, una sostanziale connaturalità con la coscienza umana e una loro segreta razionalità, al cui fascino la ragione umana non può sottrarsi. Ora, questa connaturalità non poteva non essere in qualche modo presente anche prima della predicazione del Vangelo. Certamente noi siamo in condizioni avvantaggiate per intuire questa connaturalità, ma questo ci permette di rivolgere uno sguardo più penetrante nella coscienza umana, anche considerata quando essa non aveva sperimentato la luce proveniente dalla predicazione del Vangelo. Ciò significa che noi potremmo comprendere in maniera più esplicita ciò che nell'umanità antica rimaneva ancora informe ed implicito.
Per illustrare meglio questo punto, è bene sintetizzare brevemente alcuni tratti fondamentali che è possibile rilevare nell'evoluzione della coscienza umana attraverso i secoli.
Non è certamente un'affermazione nuova quella che vede la distinzione sostanziale della filosofia antica da quella moderna, o, come detto esplicitamente da alcuni, "cristiana", nel fatto che la prima era principalmete rivolta alla natura, mentre la seconda si caratterizza per la scoperta della centralità della coscienza umana. Lasciando da parte le teorie che diverse correnti spiritualiste hanno voluto dedurre da questa premessa - sulle quali si potrebbe discutere - rimane il fatto innegabile che, grazie certamente soprattutto al potente influsso del cristianesimo, la filosofia moderna si caratterizza, rispetto all'antica, per la centralità della coscienza umana. Sembra ben espressa questa fondamentale distinzione da Giambattista Vico nell'"Idea dell'opera" da lui premessa alla sua opera principale, "La scienza nuova".

«La donna con le tempie alate che sovrasta al globo mondano» egli scrive, illustrando il significato dell'immagine posta sul frontespizio, «o sia al mondo della natura, è la metafisica, ché tanto suona il suo nome. Il triangolo luminoso con ivi dentro un occhio veggente egli è Iddio con l'aspetto della sua provvidenza, per lo qual aspetto la metafisica in atto di estatica il contempla sopra l'ordine delle cose naturali, per lo quale finora l'hanno contemplato i filosofi; perch'ella, in quest'opera, più in suso innalzandosi, contempla in Dio il mondo delle menti umane, ch'è 'l mondo metafisico, per dimostrarne la provvedenza nel mondo delle nazioni».Questa affermazione della coscienza e della ragione umana viene giustamente considerata una conquista della modernità. Ma, come appare chiariamente nel testo del Vico ora citato, questa affermazione - contrariamente a quanto preteso da una diffusa mentalità - non avviene in opposizione alla religione, bensì, invece, nella luce di un nuovo e più cosciente rapporto con la divinità.

Ma ora chiediamoci: questa affermazione della ragione umana rappresenta l'ultimo gradino sostanziale conquistato dall'uomo moderno? La risposta è senz'altro negativa. Vi è, infatti, un ulteriore sviluppo della coscienza umana di cui dobbiamo tenere il debito conto.

In quell'opera che è stata definita "la Divina Commedia dei tempi moderni", cioè il "Faust" (1808-1831) di Goethe (1749-1832), nel suo celebre patto con il diavolo, che cosa chiede l'eroe del poema a Mefistofele?

«Il filo del pensiero è lacero» egli esclama, «e da gran tempo ho a schifo ogni scienza (…) Io voglio l'ebbrezza, - la vertigine; voglio le voluttà che generano tormento; l'odio che germoglia dall'amore; gl'impedimenti che ne danno alacrità. Il mio petto, guarito oramai dalla febbre della scienza, dee stare aperto a tutti gli affanni».

E questo fino a che egli possa esclamare all'attimo fuggente: «Verweile doch: du bist so schön! - Fermati: sei bello!»

Dunque all'avventura della ragione si contrappone, o meglio si aggiunge, un'altra avventura, che forse tutto il poema non riesce adeguatamente a precisare. Ma se in questa avventura alla ragione si impongono e si contrappongono l'emozione e il sentimento, non è certo un caso che in essa finisca per prevalere l'esperienza dell'amore, e quindi la donna.

Nell'ulima scena del poema goetiano campeggiano la figura della Mater Gloriosa e delle peccatrici penitenti, le quali preparano le parole finali del Chorus Mysticus, inneggianti all'Eterno Femminino che ci trae in alto verso il cielo:

Das Ewig-Weibliche
Zieht uns hinan.

Senza volere ora entrare nelle reali intenzioni di un poema così complesso e così discusso, non c'è dubbio che la figura della donna e dell'amore, che in qualche modo in esso campeggia, ben rappresenta simbolicamente il tema centrale che ha

dominato aspetti essenziali della cultura romantica e le loro propaggini fino ai nostri giorni.
Ma anche in questo caso appare evidente, dalla testimonianaza dello stesso Goethe – il quale non era propriamente un credente e il cui capolavoro non vorrebbe certamente essere un poema cattolico come la Divina Commedia - che sulla nuova esaltazione dell'amore e della donna hanno agito in modo determinante il cristianesimo, e in particolare la persona di Maria Santissima.
Vedremo come l'affermazione della ragione e della coscienza e l'esaltazione dell'amore e della donna - presente ancora, se pure in modi "anomali", nel femminismo contemporaneo - ci diano una più profonda ispirazione per esplicitare quanto la coscienza umana da sempre ha presentito.

XIII

Léon Bloy affermava che il tempo è un'illusione dei sensi. La verità che si nasconde dietro questa paradossale affermazione possiamo sperimentarla nella nostra vita individuale come nella vita dei popoli.

Succede, infatti, che qualche importante intuizione che abbiamo avuto nell'adolescenza, o anche nell'infanzia, dopo essere stata rimossa, forse perché non siamo stati in grado di confermarla in presenza di nuove esperienze che sembravano contraddirla, risorga, dopo un tempo anche molto lungo, perché risvegliata da particolari circostanze, o anche perché gli argomenti contrari che le si erano opposti, e che a lungo ci erano sembrati insormontabili, in seguito a nuove intuizioni, hanno perso la loro forza persuasiva e si sono come dissolti. Certamente il risvegliarsi, nel ricordo, e il riaffermarsi attuale della nostra passata esperienza, avvenendo in circostanze mutate, assume caratteri nuovi. E tuttavia questi caratteri non mutano la sostanza di ciò che avevamo intuito in un tempo lontano, ma piuttosto lo arricchiscono e gli danno una maggiore rilevanza e intelligibilità.

Forse sarà più facile comprendere questo fenomeno se lo trasportiamo dalla vita individuale in una dimensione storica e sociale più ampia. Portiamo un esempio concreto.

Vi sono due pagine del "Macbeth" di Shakespeare che, in modi molto diversi tra loro, hanno avuto una singolare "Fortleben" - cioè una sorta di vita ulteriore dopo la loro prima apparizione sulle scene.

Nella terza scena del primo atto del dramma vi è il canto di una delle tre streghe infernali, la quale, dopo aver narrato di essere stata svillaneggiata da una donna, giura di vendicarsi sul marito di lei, marinaio, in questo modo:

Voglio ridurlo secco come fieno
e far che mai sulle sue stracche ciglia
discenda sonno, né giorno né notte;
deve vivere come un fuorilegge,
stanco ed affranto; dopo aver vegliato
novantanove volte sette notti,
dovrà languir di fame, allampanato,
da ridursi allo stremo delle forze;
sarà squassato da mille burrasche.

Questi pochi, ma suggestivi versi, più di due secoli dopo dovevano costituire il nocciolo di un famoso poema di uno dei maggiori romantici inglesi, Samuel Taylor Coleridge (1772-1834), "La ballata del vecchio marinaio" - vedi

https://library.weschool.com/lezione/samuel-taylor-coleridge-the-rime-ancient-mariner-analisi-traduzione-lyrical-ballads-12837.html.
Possiamo chiederci: che relazione c'è tra i due testi? Certamente vi è un'influenza del primo sul secondo. Ma, in certo senso, non è vero anche l'opposto? E non soltanto nel senso che la lettura del testo di Shakespeare assume un aspetto nuovo, perché è ormai inscindibile dallo sviluppo che le ha dato Coleridge, bensì anche nel senso che il poeta romantico ha saputo cogliere, con un'intuizione visionaria, ciò che in realtà era già contenuto, se pure in modo implicito, nel testo shakespeariano.
Questo fatto apparirà con maggiore evidenza nel secondo esempio che porteremo. La scena terza del secondo atto del "Macbeth" presenta un personaggio secondario, il portiere, che, all'alba, sente bussare colpi insistenti alla porta del castello, nel quale, senza che ancora alcuno lo sappia, durante la notte è stato assassinato il vecchio re Duncan. Il portiere, prima di aprire ai colpi, ripetuti con violenza, immagina di essere il portinaio dell'inferno, che si appresta ad accogliere una serie di malfattori, destinati alla pena eterna.
Su questa scena, molto evocativa, il grande critico letterario ottocentesco Thomas De Quincey (1785-1859) scrisse un saggio memorabile, dal titolo "On the Knocking at the Gate in Macbeth" - vedi http://www.shakespeare-online.com/plays/macbeth/knockingatgate.html.
In questo caso il rapporto, non univoco, bensì reciproco tra i due testi è palese e assolutamente impressionante. È chiaro, infatti, che la forza del saggio di De Quincey sta proprio nel suo saper portare all'evidenza tangibile ciò che è effettivamente contenuto nel testo shakespeariano, ma che ha potuto essere espresso in modo esplicito e incredibilmente suggestivo soltanto dopo più di due secoli, grazie a nuove esperienze culturali che hanno affinato la sensibilità dei lettori.
Simili esempi potrebbero essere moltiplicati all'infinito. Ora ci chiediamo: non possiamo applicare questo fenomeno anche alla sensibilità morale e religiosa, quale si manifesta nella storia umana? Facciamo un esempio che ci porterà subito "in medias res".
Nell'Antigone di Sofocle, il poeta mette in bocca alla sua eroina queste parole, divenute celebri:
«Questo editto non Zeus proclamò per me, né la Giustizia, che ha dimora con gli dèi di sotterra. No, essi non hanno fissato tra gli uomini delle leggi (nómous) come queste; e nemmeno ho ritenuto che i tuoi proclami (tà sà kerúgmata) avessero tanto potere che un mortale potesse trasgredire le leggi non scritte, immutabili, degli dèi (ágrapta kasphalê theôn nómima), che non da oggi né da ieri, ma da sempre sono in vita, e nessuno sa donde apparvero la prima volta» (vv. 450-457).

Scrive Maria Pia Pattoni, nel suo saggio puntuale ed illuminante "L'Antigone di Sofocle, il testo e le sue interpretazioni" - vedi: https://www.academia.edu/7295208/Introduzione_alla_lettura_dellAntigone_di_Sofocle_corso_di_Storia_del_teatro_greco_e_latino_a.a._2014_2015_ - che nelle parole di Antigone sopra riportate «compare la prima attestazione nella letteratura greca (e dunque occidentale) di "leggi non scritte"» e che una delle ragioni dell'immensa fortuna del dramma di Sofocle «consiste nel fatto che in questo testo letterario si concentrano tutte le costanti principali della conflittualità insita nella condizione umana: l'opposizione uomo-donna, vecchiaia-giovinezza (che qui si configura anche come conflitto generazionale tra padri e figli), vivi-morti, uomini-divinità, e ancora il conflitto società-individuo, quest'ultimo più specificamente declinato nel senso di un'opposizione polare tra legge positiva e legge naturale».

Nel seguito del suo commento la studiosa da una parte ricostruisce il senso originale del testo sofocleo, di là dalle molteplici, e a volte fuorvianti, letture che se ne sono fatte attraverso i secoli, mentre dall'altra riconosce che l'immensa pregnanza del dramma di Antigone giustifica pienamente anche le interpretazioni più audaci di esso, come quella democratico-rivoluzionaria o quella femminista.

A quanto affermato dalla Pattoni vorremmo ora aggiungere che la pregnanza dell'Antigone va ben oltre le letture, a volte conflittuali tra loro, che ne sono state fatte, fino ad aprire la sensibilità del mondo classico verso orizzonti che già presentono il verbo cristiano.

Questo potrebbe sembrare scontato, visto che il celebre testo di Antigone afferma con tanta forza e passione l'esistenza di leggi divine che regolano la vita del mondo al di sopra delle leggi puramente umane. Ma se approfondiamo ulteriormente il messaggio che ci perviene dal dramma sofocleo, scopriamo un presentimento più intimamente prossimo della rivelazione cristiana.

Incominciamo ad osservare che la Pattoni sottolinea da una parte i condizionamenti storico-culturali che in qualche modo sembrano restringere le grandi prospettive morali e religiose di Antigone, e dall'altra la potenza universalistica che le medesime, nonostante questo, possiedono e che permette loro, forzando ogni condizionamento, di aprirsi ai più grandi sviluppi.

Così l'affermazione di Antigone che ella non avrebbe osato sfidare il volere di Creonte, che proibiva la sepoltura del fratello di lei Polinice, «né per i figli né se avesse visto putrefarsi il corpo dello sposo», giacché perso un marito o un figlio se ne potrebbero procurare altri, mentre fratelli ella non ne potrà più avere ora che le sono morti i genitori, sembra restringere ad una prospettiva aristocratico-familiare la proclamata assolutezza della legge divina. Analogamente, l'altro celebre verso di Antigone: «Io sono nata per condividere l'amore, e non l'odio», sembra, almeno in prima istanza, rivolgere la "philia" dell'eroina piuttosto ai propri familiari che all'umanità in generale.

E tuttavia la forza intima dell'ispirazione del dramma travalica questi condizionamenti, tanto che la Pattoni può affermare:

«Antigone non è dunque "stricto sensu" una femminista», in quanto di fronte alla morte ella rimpiange di non aver conosciuto il matrimonio e le gioie della maternità. «Eppure va riconosciuto che il suo rapporto con il femminismo non è gratuito. La sua grandezza infatti è un prezioso materiale grezzo che il femminismo ha potuto elaborare. E non solo il femminismo: pure altri approcci - anche se non sempre adeguatamente motivati dal testo - mantengono un loro fascino o una loro vitalità. È il caso, ad esempio, dell'idea di Antigone come democratica contro un Creonte tirannico (...) In Antigone Sofocle ha deposto orgoglio nobiliare, non istanze democratiche. Lei combatte per seppellire suo fratello: non è mai detto nel testo che avrebbe intrapreso un'impresa simile per altri cadaveri (...) Tuttavia, dopo queste pur necessarie puntualizzazioni di filologi che devono rimanere legati alla lettera del testo, va riconosciuto che l'Antigone di Sofocle, come recentemente ha scritto Flavio Baroncelli, rimane "il primo e insuperato (dal punto di vista della forza poetica) modello di individuo che, solo con i suoi fantasmi e le sue idee, si ribella fino al martirio, e senza alcuna speranza di prevalere. Interpreta Creonte come tiranno, e ritiene che ad un tiranno non si debba obbedienza. Per di più è donna. E per di più questa eroina del dissenso muore onorata e rimpianta. Tutto questo nel testo di Sofocle c'è. Ed è una cosa così grande, così esplosiva, che è praticamente impossibile non entusiasmarsi e non rispecchiarsi in essa, per chiunque abbia una fede etica o politica della quale possa pensare che le è essenziale la capacità dell'individuo di giudicare, di decidere, di ribellarsi. È come se esplodesse dal testo (...) la forma pura della libertà individuale, della devozione a principi superiori, dell'eroismo. Tutto questo ha una tale potenza che, anche quando si sia convinti che in Antigone non c'è ombra di femminismo, di democrazia, e via dicendo, bisogna poi ammettere che a tutte quelle inter-pretazioni, per quanto forzate e fantasiose, Antigone ha prestato un po' della sua forza straordinaria"».

Detto questo, bisogna, però, aggiungere che a tutte le ricordate "riletture" manca qualche cosa di essenziale. Per comprenderlo conviene partire proprio dalla lettura femminista.

Nel femminismo contemporaneo sono presenti due elementi segretamente conflittuali e inconciliabili. Da una parte, infatti, le femministe sentono la vocazione a rivendicare, contro una tradizione che le aveva relegate in un ambito strettamente privato, il proprio ruolo nella vita pubblica della società e ad assumere la propria responsabilità nel destino del mondo. Dall'altra, tuttavia, senza averne piena coscienza, esse fanno una concessione di cruciale importanza al loro "avversario": esse, cioè, accettano che, per poter svolgere un ruolo sostanziale nella vita della società e nel destino del mondo, bisogna uniformarsi all'essere proprio del maschio, rinunciando a quei caratteri propri della donna, cioè la sponsalità e la maternità. Ma a quei caratteri Antigone non intende affatto riunnciare. Al contrario: proprio ad essi ella si ispira per contrapporre, nella vita sociale di Tebe e nel destino del mondo, la divina "philia" alla miope legge degli uomini.

In realtà nel conflitto uomo-donna, come è espresso dal dramma di Sofocle, non vi è semplicemente il contrasto tra la prepotenza maschile e la rivendicazione di chi da troppo tempo è stato ad essa sottomessa, ma vi è la rivendicazione del ruolo pubblico e universale della "philia", di cui la donna è, per vocazione, custode.

Ma ora chiediamoci: su cosa si fonda questa "philia" di cui Antigone si proclama aralda?

«Alla base della posizione di Antigone» scrive la Pattoni «ci sono dunque anzi tutto ragioni affettive (l'amore per il fratello) e legami di sangue (la fedeltà al "génos"), che la portano a farsi interprete di istanze religiose».

Osserviamo che le istanze affettive di cui si parla sono per essenza fondate nella vita familiare, dalla quale soltanto scaturiscono. Il fatto che, nella prospettiva di Antigone, questi legami hanno un rapporto con l'aristocrazia, per quanto si è detto, non diminuiscono sostanzialmente il loro universalismo. Aggiungiamo che la loro "limitazione" all'amore fraterno in realtà non fa che considerare questi legami nella loro perfezione - con linguaggio aristotelico potremmo dire: "in atto", in quanto il legame sponsale e parentale trova la sua pienezza di realizzazione nel legame spirituale-affettivo che costituisce il proprio dell'amore fraterno.

Ora il dramma di Antigone non è che la rivendicazione del valore pubblico e universale, non di una coscienza democratrica astratta, né di un ruolo sociale femminile qualsiasi, bensì del valore sacro, sanzionato dalla Divinità, e perciò superiore alle leggi soltanto umane, di quella dignità umana che scaturisce sostanzialmente e soltanto dall'essere figli, cioè generati da un atto di amore, in cui si riflette l'opera non solo creatrice, ma più-che-creatrice, di Dio.

Se, come abbiamo detto, dalle opere della creazione l'uomo può risalire alla conoscenza, per quanto imperfetta, del Creatore, tra queste opere non bisognerà considerare anche, e anzi come prima per dignità, la misteriosa "philia" attraverso la quale l'uomo e la donna introducono nel mondo, insieme alla vita sempre rinnovata, anche la "philia" della fraternità, destinata a rigenerare nell'amore la vita dell'intera società - e ciò spesso in contrapposizione con la "hybris" di una mascolinità arrogante e di una femminilità ad essa contrapposta per invidia?

Ed ora il pensiero conclusivo: nella valorizzazione pubblica e universale, consacrata dall'appello alla Divinità e dal martirio, della "philia" che scaturisce per sua essenza incomunicabile dalle nozze e dalla loro misteriosa fecondità, e nell'intuizione che in questa realtà, altissima tra tutte per dignità, la Divinità, che se ne fa garante, manifesta segretamente la propria più vera natura, non vi è un'incosciente presentimento del mistero centrale del cristianesimo, cioè di quella incarnazione del Verbo creatore che costituirà il culmine di tutta l'opera della creazione, e perciò dell'automanifestazione di Dio all'uomo?

XIV

Avviandoci ormai verso la conclusione di queste riflessioni, è opportuno sottolineare che l'elemento nuovo in esse presente rispetto alla vulgata teologica più diffusa, sia nelle versioni tradizionali, sia in quelle progressiste, è la centralità data al mistero dell'amore tra l'uomo e la donna e alla sua fecondità. Nella visione da noi proposta il mistero sponsale non è, come era tradizionalmente considerato, un fatto quasi avventizio e non essenziale nell'economia della rivelazione, e perciò destinato a scomparire senza lasciare traccia, né, come è spesso visto dalla teologia progressista, come una sgradevole eredità della società maschilista e patriarcale, che deve riformarsi in una visione egualitaria tra l'uomo e la donna, o eventualmente tra diverse opzioni di genere. Al contrario, il mistero sponsale appare come l'elemento centrale e come il punto di equilibrio in cui convergono tutti gli elementi costituitivi di una visione sapienziale unitaria onnicomprensiva della divina economia.

Il difetto della teologia progressista sta nella sua pretesa contraddittoria che la visione tradizionale dei rapporti tra i sessi sarebbe stata condizionata da situazioni culturali e sociali patriarcali, come se, una volta posto il principio del condizionamento, esso non si rivolgesse, con un rigore logico implacabile, contro chi lo ha formulato. Se, infatti, il pensiero umano è radicalmente condizionato dalle situazioni culturali e sociali, ovviamente anche le idee progressiste e femministe lo sono. Se, al contrario, ammettiamo che il pensiero umano, nelle menti più profonde e geniali, può elevarsi ad una visione obiettiva della realtà, indipendente dai condizionamento storico-sociali - e chiunque pretende di essere araldo di verità deve ammetterlo - non si vede perché questa sostanziale libertà del pensiero umano si manifesterebbe soltanto nei fautori del progressismo, mentre si dovrebbe negare alle menti, anche le più geniali, delle età passate.

Il difetto della teologia tradizionale, almeno nella sua forma volgarizzata, sta nell'aver troppo trascurato, forse per una male intesa pruderie, il ruolo del mistero sponsale nell'economia della salvezza e nella stessa vita del mondo, mostrandosi sorda alla voce di poeti e musicisti e all'istinto dei popoli, che per secoli hanno avuto di questa realtà centrale dell'esperienza umana una visione più sana di quella più comunemente diffusa tra i teologi.A quanto ora affermato si potrebbe obiettare che nel Vangelo è detto chiaramente che, nella risurrezione finale, gli uomini «non prenderanno moglie né marito, ma saranno come angeli nei cieli» (Mc 12, 25). Ma questa affermazione, come si può capire dal contesto, si riferisce all'aspetto più terreno e carnale del matrimonio, e non è escluso, fino a prova contraria, che esso possa avere una dimensione diversa, metafisica e spirituale, che non viene esclusa nella risurrezione finale.Il fatto stesso che il mistero centrale del cristianesimo, cioè l'incarnazione, è avvenuto tramite la generazione carnale da una donna, dovrebbe suggerire che tutto ciò che è implicato nella generazione umana ha un posto eminente nell'economia divina.Uno dei punti maggiormente critici della vulgata teologica tradizionale è il fatto di aver considerato l'incarnazione come un evento sopravvenuto in un secondo tempo, principalmente, se non esclusivamente, come rimedio del peccato, e quindi destinato, una volta eliminato l'ostacolo da rimuovere, a non avere più un ruolo ben determinato. Il fatto che molti illustri teologi, approvati dalla Chiesa, abbiano sostenuto, con validi argomenti, l'indipendenza dal peccato dell'uomo del decreto divino relativo all'incarnazione, non ha fatto breccia nella catechesi ordinaria, rendendo così oscura la lettura di testi biblici come il seguente: «Egli fu predestinato già prima della fondazione del mondo, ma si è manifestato negli ultimi tempi per voi» (1Pt 1, 20).Se, come noi sosteniamo, l'incarnazione era parte sostanziale dell'economia divina «già prima della fondazione del mondo», non appare affatto arbitrario considerare tutto ciò che riguarda l'umana generazione come un mistero preordinato fin dall'origine ad essere la via privilegiata della manifestazione di Dio nel mondo. Senza ora ripercorrere dettagliatamente le varie tappe che hanno segnato il nostro precedente cammino, possiamo riassumerne brevemente i punti essenziali.Ad un livello ontologico superiore rispetto al mondo fisico, Dio si manifesta nella coscienza dell'uomo. Ma questa coscienza non giunge alla sua sostanziale maturazione se non al momento in cui essa è rischiarata dal mistero dell'amore, che appare nel mondo soltanto con la creazione della donna. La donna, dunque, apparendo quale culmine della creazione, vuole essere anche manifestazione della natura intima di Dio, che «è amore» (1Gv 4, 8). E come l'amore di Dio ha la sua sostanziale realtà nella generazione eterna del Figlio dal Padre nell'unità dello Spirito Santo, così la sua manifestazione nel mondo creato avviene ad un livello ontologico inferiore nella generazione solo biologica, e ad un livello ontologico superiore nella generazione umana, che è biologica soltanto strumentalmente, mentre è metafisica, fondata sulla volontà cosciente mossa dall'amore, nella sua più vera sostanza.Dunque attraverso l'amore tra l'uomo e la donna Dio manifesta la sua natura più vera, non solo in quanto «luce intellettual piena d'amore» (Paradiso, XXX, 40), ma anche in quanto amore personale condiviso nella generazione eterna del Figlio, il quale è anche Verbo creatore, «che è irradiazione della sua gloria e impronta della sua sostanza e sostiene tutto con la potenza della sua parola» (Eb 1, 3). Quest'ultima affermazione della lettera agli Ebrei non deve essere relegata tra le frasi irrilevanti, ma bisogna darle tutto il rilievo che merita. Essa suggerisce, infatti, che in tutto il creato vi sia l'impronta della sostanza divina - trinitaria - la quale si manifesta ad un livello ontologico superiore nella creatura umana, non astrattamete considerata, ma nella sua realtà di uomo-donna destinati, nell'amore, a perfezionare l'opera della creazione con la generazione della vita. E di quale vita, se non, in una visione sapienziale onnicomprensiva, della vita dello stesso Figlio di Dio?Se questa rivelazione divina, preordinata fina dall'eternità, viene attraversata dal peccato, ciò significa da una parte che l'essenza del peccato originale e di tutto il peccato dell'uomo deve essere vista in opposizione a questa economia di amore-generazione-incarnazione, mentre dall'altra che la redenzione deve essere vista sostanzialmente come restaurazione della medesima economia della rivelazione di Dio nel mondo.Consideriamo.Se la donna doveva essere il culmine della creazione e dell'iniziale rivelazione di Dio - che sarebbe stata poi perfezionata dall'incarnazione di Cristo - il peccato originale, nella sua sostanza, tenderà ad impedire questa rivelazione, e cioè ad offuscare l'amore tra l'uomo e la donna, a cui ambedue sono chiamati per vocazione, con il prevalere in esso della dimensione biologica su quella cosciente. Se questo amore doveva dare il suo vero senso a tutto il creato e a tutte le più alte facoltà umane, il fatto che esso sia stato offuscato doveva necessariamente provocare un sostanziale disordine nell'uso delle potenze interiori dell'uomo e della donna, e perciò in tutta la vita del mondo, da loro governato.

L'uomo, perciò, sarà tentato di dare la preminenza alle facoltà razionali e volitive che gli danno potere sul mondo, relegando l'amore per la donna ad un rango sensuale inferiore e ad una dimensione privata. La donna, da parte sua, umiliata per il ruolo secondario che le viene conferito, cercherà di vedicarsi facendo valere la propria superiorità - che non può essere cancellata - su tutte le altre creature, almeno nella inferiore dimensione biologica dell'amore.

In questa situazione di disordine interiore, che si manifesta nel mal governo del mondo, l'azione dell'uomo si caratterizza per l'appropriazione dei beni e delle energie terrene, che gli permettono di «trarre il cibo dal suolo» (cf Gn 3, 17-19), e dall'orgogliosa affermazione di se stesso, mentre nello sviluppo della società umana fa fatica a farsi strada quella dimensione dell'amore che la donna aveva la missione di risvegliare e di sviluppare, ma che rimane troppo relegata nell'ambito della fraternità puramente privata e domestica.Essa, tuttavia, ha conosciuto le sue eroine - come Antigone - ed ha, quindi, manifestato la sua aspirazione a riacquistare il proprio ruolo direttivo nella vita del mondo.In questa situazione la redenzione di Cristo appare per prima cosa come sanatrice proprio dell'amore generante. Ciò è dimostrato dal fatto stesso dell'incarnazione, che santifica e riconsacra tutta la generazione umana, riportandola alla sua dimensione metafisica, superorganica e divina.

Maria non rappresenta soltanto, come vorrebbero le formule teologiche tradizionali, la perfetta fede e sottomissione alla volontà divina, quasi che il suo essere donna avesse una rilevanza puramente funzionale, bensì la riconsacrazione perfetta dell'amore sponsale e materno, quale rivelatore sostanziale del mistero di Dio e generatore della vita divina nel mondo. Attraverso questa riconsacrazione, realizzata da Cristo, che sulla croce riconduce l'uomo alla sua vocazione superiore all'amore, annullando il suo falso orgoglio, e nell'eucarestia gli mostra la via per procurare il vero pane per il bene di tutto il mondo, vengono purificate e santificate le nozze terrene, nella quali l'elemento meta-biologico e spirituale viene riscattato e confermato dalla glorificazione delle nozze spirituali di Cristo con la sua Chiesa e dalle nozze mistiche delle anime verginali. Il modello nuziale offerto da Maria e Giuseppe da una parte illumina le nozze terrene, in quanto presenta l'unione spirituale quale vero fondamento sostanziale dell'amore sponsale - e anche della sua fecondità, se è lecito supporre che l'amore verginale tra Maria e Giuseppe abbia preparato il terreno per l'azione dello Spirito Santo nell'incarnazione - e dall'altra illumina l'amore verginale delle anime consacrate, poiché in esso avviene la riaffermazione incondizionata della sostanzialità dell'amore meta-biologico, la quale è chiamata ad essere sostegno efficace anche per le nozze terrene.Dunque la redenzione di Cristo non significa soltanto la promessa della vita eterna, bensì anche la riconsacrazione del ruolo dell'uomo e della donna sulla terra: l'uomo rigenerato dall'esempio di Cristo e la donna rigenerata dall'esempio di Maria. Analogamente la condizione di figli viene anch'essa rigenerata, ad imitazione delle figliolanza divina di Cristo e quale fondamento sostaziale della fraternità umana. La stessa vita eterna escatologica non deve essere intesa esclusivamente come "visione di Dio", ma anche come risurrezione dell'uomo in un mondo rinnovato dalla perfezione dell'amore. In questa visione il peccato stesso assume una sua profonda intelligibilità gerarchizzata. Il suo fondamento sostanziale appare il rifiuto della dimensione superiore dell'amore, che doveva manifestarsi ad opera della donna e della sua fecondità meta-biologica, e quindi la tendenza alla riduzione dell'amore stesso alla sola sfera biologica, con le sue conseguenze nella trasmissione del peccato originale nella generazione della vita, la depravazione coseguente a questa riduzione - in quanto essa non è adeguata a mantenere l'intuizione della felicità che nasce dall'amore e quindi provoca l'esasperazione delle sue manifestazioni soltanto biologiche - e l'affermarsi, come dimensione razionale superiore dell'uomo, del solo dominio materiale del mondo e dell'orgogliosa sua autoaffermazione. Ad essa si oppone, per un istinto di rivalità, la volontà della donna di prevalere, valendosi delle sue prerogative, ma anche cercando di imitare le prerogative dell'uomo, a costo di rinnegare le proprie.In questa considerazione sapienziale e gerarchica del peccato, appare da una parte il valore redentivo, alla scuola di Cristo crocifisso, dei tre voti della vita religiosa, che si oppongono alle più grandi passioni disordinate dell'uomo peccatore, e dall'altra l'esasperazione del peccato, quale si manifesta nei momenti di maggiore oscuramento della vita spirituale degli uomini, come avviene nel nostro tempo.Considereremo più dettagliatamente questi punti nella prossima meditazione.

XV

Siamo ora giunti al punto cruciale di queste meditazioni, nel quale dobbiamo affrontare con la massima lucidità e coraggio i punti più scottanti nei quali la nostra visione sapienziale si scontra con idee e mentalità fortemente diffuse e, almeno apparentemente, prevalenti nel nostro tempo. In questo non faremo sconti: se quanto è stato messo in luce nelle riflessioni fatte fin qui risulta fondato, alcuni assunti che oggi vorrebbero imporsi quasi fossero dati del senso comune e traguardi della civiltà risultano non solo erronei, ma sostanzialmente aberranti e in opposizione irriducibile con l'economia divina della creazione e della salvezza. Se da una parte abbiamo criticato la vulgata teologica e catechistica tradizionale per aver trascurato di approfondire e di considerare nella sua centralità il mistero dell'amore tra l'uomo e la donna, e di avere in tal modo involontariamente favorito una sorta di rivalsa, esposta ad un anche troppo facile deviazione, molto più dobbiamo denunciare la teologia progressista, che si allea con le correnti femministe e omosessualiste nel loro aspetto di ribellione contro l'ordine dell'amore umano, che - si badi - non è soltanto l'ordine della creazione, come la teologa tradizionale generalmente obietta, troppo fiaccamente, bensì è l'ordine sapienziale in cui il mistero della vita divina trinitaria riflette se stesso nella sua mirabile economia di rivelazione e di divinizzazione del genere umano. Se, come abbiamo detto, per il fatto di essere stato assunto dallo stesso Verbo divino nella sua incarnazione, il mistero dell'umana generazione non è un semplice fatto bio-psichico, confinato nella sola dimensione naturale, ma è invece la manifestazione suprema della divinità nel mondo creato, che si realizza pienamente, non come miracolo eccezionale, bensì come culmine di un processo cosmico e inizio di una nuova storia, nella nascita al mondo dello stesso Verbo creatore, ne consegue ineluttabilmente che ogni attentato alla integrità dell'amore fecondo tra l'uomo e la donna appare quale profanazione che attinge la sostanza stessa della divina economia nel mondo. Abbiamo visto come il peccato originale, avendo leso la stessa integrità dell'amore tra l'uomo e la donna, offuscandone il ruolo rivelativo del volto di Dio e predispositivo rispetto alla nascita del Verbo divino nel mondo, abbia dannegiato il mistero stesso della generazione, perché in esso ha fatto prevalere la causalità biologica sulla causalità spirituale. Ma il danno apportato si manifesta in diverse gradualità. Può esservi, infatti, una maggiore o minore partecipazione, nella generazione umana, della realtà meta-biologica dell'uomo e della donna, e quindi tanto più grande sarà la prevalenza della causalità biologica su quella spirituale, tanto maggiore sarà la gravità delle conseguenze del peccato originale trasmesse dalla generazione. In questa prospettiva, l'immacolata concezione non deve essere intesa come una concezione priva di emozione umana, e quindi quasi estranea all'amore coniugale. Al contrario, essa avverrà attraverso una forma superiore di amore, del quale possiamo avere un imperfetto presentimento considerando le più alte espressioni dell'amore tra l'uomo e la donna, quale, ad esempio, l'amore tra Dante e Beatrice. A questo mistero di amore, non estraneo alla relativa esperienza umana, partecipa la stessa nascita verginale di Cristo, sia per il vincolo sponsale reale, e non soltanto legale, tra Maria e Giuseppe, sia per l'opera della Spirito Santo, fonte primaria dell'amore, e per i suoi riflessi nell'amore filiale di Cristo, nell'amore materno universale di Maria e in tutta la loro fecondità per l'intero genere umano.

Se alla fonte sostanzialmente meta-biologica, spirituale e pneumatica dell'amore umano e della sua fecondità si contrappone la degradazione dell'amore tra l'uomo e la donna alla sua dimensione più o meno prevalentemente biologica, quale sarà la degradazione di una generazione che non ha più neanche la dimensione dell'amore biologico, ma che discende fino ad essere assimilata ad un'azione meccanica? È chiaro che nella fecondazione assistita, già nella sua più blanda forma omologa, e via via discendendo di orrore in orrore, più ci si allontana da essa, la mancanza di emozione sensibile non solo non avvicina affatto la concezione così ottenuta all'immacolata concezione, ma, al contrario, se ne allontana sempre più, con un salto non di grado ma di qualità.

In questa prospettiva appare in tutta la sua evidenza il senso della sconcertante espressione della Madonna a Fatima, quando ella denunciò specialmente i peccati "contro il suo cuore immacolato". A prima vista sembra che i peccati dovrebbero essere sostanzialmente contro Dio e non contro una creatura, per quanto privilegiata. Ma, se la Madonna ha un ruolo essenziale nell'economia della salvezza, quale realizzazione della restaurazione del posto eminente della donna nella rivelazione del volto di Dio e nell'elevazione del genere umano alla dimensione dell'amore nella luce dello Spirito Santo, è evidente che la degradazione, sempre più marcata, dell'amore dalla sua dimensione fontale divina e spirituale alla dimensione biologica e meccanica, costituisce un'offesa sostanziale proprio a colei che era stata destinata a ricondurre l'amore al suo stato superiore meta-biologico - eloquentemente rappresentato dal suo cuore immacolato - sia nel modello più perfetto dell'incarnaziome verginale di Cristo, sia nella sponsalità verginale di Maria e Giuseppe e, a loro seguito, delle anime consacrate, sia nelle nozze umane rigenerate ad immagine dell'immacolata concezione di Maria e del rapporto sponsale tra Cristo e la Chiesa.

Come, dunque, può negarsi - di là da ogni giudizio sulle intenzioni e sui drammi soggettivi di quanti patiscono in situazioni di estrema sofferenza - l'obiettiva empietà di tutto il movimento che tende, da una parte a svincolare la passionalità biologica da ogni riferimento alla dimensione spirituale dell'amore e alle

conseguenti responsabilità sponsali e genitoriali, e dall'altra a legalizzare interventi violenti sulla generazione umana, dalla regolazione artificiale delle nascite, all'aborto, alla normalizzazione dei rapporti omosessuali, alle pratiche di fecondazione assistita, in tutte le sue forme via via più degradanti.
A questo bisogna aggiungere che, se è sana la rivendicazione di un ruolo determinante della donna per il destino del genere umano, in quanto aspirazione alla sua missione originaria di elevare l'intera società al regno dell'amore, non è sano che questa rivendicazione ceda alla tentazione di pretendere dalla donna la rinucia alla sua propria identità per appiattirsi sulla razionalità maschile, che, con il peccato, ha rinunciato all'amore, nel suo aspetto sostanziale meta-fisico, per perseguire soltanto il dominio del mondo e la propria orgogliosa autoesaltazione.
Abbiamo già accennato al ruolo redentivo che hanno, in questa situazione i voti della vita religiosa. Ma questo ruolo oggi dovrebbe essere illustrato con motivazioni in qualche modo nuove, o piuttosto approfondite, rispetto al passato.
La tendenza della vulgata teologica tradizionale era di relegare l'amore tra l'uomo e la donna ad una fatto in qualche modo avventizio e non sostanziale della vita umana ed a presentare, conseguentemente, il voto di castità come la rinuncia a quanche cosa di inessenziale, per far posto ad una libertà spirituale e ad un amore universale che non aveva una vera connaturalità con l'amore coniugale. Ma se partiamo dal principio che l'amore tra l'uomo e la donna è, al contrario, un elemento non avventizio, bensì sostanziale dell'essere umano e che ogni dimensione dell'amore, nell'ambito dell'esperienza umana, da esso deriva come da fonte primaria - e ciò vale anche per la carità cristiana, fondata nella filialità umano-divina di Cristo - una rinuncia ad esso apparirebbe come una coartazione dell'essere umano e della stessa dimensione dell'amore.
Se è così, bisogna, dunque, escludere il voto di castità? Questa conseguenza sarebbe giustificata soltanto se l'amore tra l'uomo e la donna fosse, nella sua essenza, legato alla dimensione biologica. Ma se, al contrario, l'essenza dell'amore tra l'uomo e la donna non è nella sfera biologica, bensì nella dimensione meta-biologica e spirituale, e se la sua vera fonte primaria è lo Spirito Santo, che, nell'economia divina originaria, doveva rendersi presente nella vita degli uomini per mezzo della donna, il valore del voto di castità viene confermato e la sua fecondità per la vita del mondo risplende di una rinnovata evidenza, presentandosi, di là dal suo aspetto di castità, come voto di amore verginale.
Proprio perché ogni amore sponsale dovrebbe trovare il suo vero fondamento non nella carne, ma nello spirito, è necessario che la sua essenza spirituale sia testimoniata da quanti, grazie ad una divina vocazione, fanno voto di amore verginale. Questo amore verginale non si separa dall'esperienza dell'amore tra

l'uomo e la donna, ma ne trasferisce il senso e il valore in una sfera superiore, aperta ad un'universalità che raggiunge l'intima vita dello spirito di ogni persona. A questo amore verginale hanno dato testimonianza Maria, Giuseppe e Cristo stesso, e la generazione di Cristo nella carne ne ha mostrato la superiore fecondità anche nella vita del genere umano e nella sua espansione nel mondo. Infatti la vita di Cristo vuole perpetuarsi in tutti gli uomini e, se i genitori consacrati dal sacramento nuziale collaborano a realizzare questa divina economia, sono tuttavia quanti hanno abbracciato l'amore verginale ad apportare un contributo integro e sostanziale a questa rigenerazione del genere umano. Ed è conseguente che a questo amore verginale siano chiamati specialmente i sacerdoti, che nel celebrare, vivere e donare l'eucarestia glorificano la vera vocazione dell'uomo, di operara insieme alla donna per elevare il mondo nella luce dello Spirito Santo.Una volta ristabilito il ruolo dominante dell'amore, che risplende nella sua sostanzialità nell'amore verginale, necessariamente appariranno ad esso suburdinate le superiori facoltà umane, fondare sulla ragione, cioè l'appropriazione dei beni del mondo e l'esercizio della libertà. Ma se l'abuso di queste facoltà porta l'uomo ad un accaparramento privo di scrupoli dei beni terreni e ad uno smisurato orgoglio, come il voto di amore verginale riporta l'interesse principale dell'uomo alla partecipazione alla vita dello Spirito Santo e all'universalità dell'amore fraterno, così i voti di povertà e obbedienza purificano le passioni umane di sregolato dominio e di affermazione di se stessi. Ecco, dunque, che i tre voti della vita religiosa, lungi dal riguardare soltanto pochi individui che sembrano aver rinunciato alla loro umanità, appaiono, al contrario, come luce sfolgorante per tutta la società umana, in quanto interiormente vissuti da uomini e donne che rappresentano la realizzazione dei più alti valori umani, nella sequela del supremo ideale, risplendente in Cristo crocifisso.Un ultimo chiarimento rimane da fare. L'economia sapienziale divina, come abbiamo visto, assume una portata cosmica, in quanto l'incarnazione di Cristo avviene, non come un miracolo imprevisto che scombussola il normale ordine del mondo, bensì come il punto di arrivo preparato da tutto lo svolgimento della storia del cosmo. Dunque non sarà estraneo al ruolo della presenza di Cristo nel mondo alcun aspetto dell'universo, neanche quanto attiene a quei problemi dell'energia che costituiscono uno degli ambiti più inquietanti del mondo attuale.Cercheremo di affrontare queste problematiche nella prossima meditazione.

XVI

Cercheremo, ora, di approfondire quanto è stato detto nella decima riflessione. Uno dei punti che oggi sono al centro dell'attenzione di scienziati ed economisti è il problema dell'energia. La prima questione da porre sarebbe di definire con esattezza che cosa si intenda con questo termine. Non avendo la competenza per poter dare una risposta esatta a questa questione, provvisoriamente ci accontentiamo del concetto approssimativo universalmente condiviso, e ci chiediamo se nella comune pubblicistica non vi sia un indebito riduttivismo. Cerchiamo di spiegare meglio questo punto.L'economista contro corrente Julian Simon (1932-1998), contestando il maltusianesimo, ampiamente diffuso tra gli altri economisti per la presunta sproporzione tra le risorse disponibili e il consumo causato dall'aumento della popolazione, opponeva ai loro calcoli il principio rivoluzionario che l'uomo, oltre e più che consumatore della risorse, è lui stesso una risorsa, anzi, è la risorsa fondamentale - "the ultimate resource" - senza la quale le altre non esisterebbero, perché pressoché tutte le risorse divengono tali soltanto grazie all'intelligenza e al lavoro dell'uomo. Secondo i suoi principi, la diminuzione delle risorse disponibili crea, in un primo tempo, scarsità di beni ed aumento dei prezzi, e ciò fa scattare la ricerca umana, la quale trova o inventa nuove risorse che, diffondendosi abbondantemente sul mercato, portano la società in una situazione di ricchezza maggiore rispetto alla situazione di partenza. Per esemplificare questo meccanismo economico Simon ricordava il passaggio dall'utilizzo del combustibile vegetale, allo sfruttamento dei giacimenti fossili, all'uso dell'energia nucleare. L'intervento di Simon ha suscitato uno tsunami nel mondo degli economisti. I maltusiani, trovandosi spiazzati, lo hanno violentemente attaccato, ma, con l'andare del tempo, i suoi principi hanno finito per essere presi in seria considerazione. Gli stessi programmi internazionali ufficiali per lo sviluppo sostenibile ormai mettono l'accento sull'uomo come risorsa primaria da valutare e da sviluppare. Tuttavia il pensiero economico, come quello scientifico, non giungono ad affrontare i temi cruciali che questa rivalutazione dell'uomo come "risorsa primaria" dovrebbe sollevare.Dire che l'uomo è "the ultimate resource", equivale a dire che l'uomo è una fonte di energia? E se la risposta è positiva, come inquadrare l'uomo nel calcolo delle energie presenti nel mondo ed utilizzabili? Generalmente si considerano fonti di energia quelle che possono essere oggetto di esatta misurazione, come il legno, il carbone, il petrolio, l'energia nucleare. L'uomo, in quanto risorsa energetica, può essere oggetto di misurazione allo stesso modo, o in modo analogo? E se non può esserlo, a che titolo lo inquadreremo tra le fonti di energia?

A questo punto dobbiamo osservare che Simon, come gli altri economisti, che gli siano favorevoli o contrari, pur avendo posto in modo geniale l'uomo al centro del dibattito sull'energia, non si è, però, preoccupato di indagarne a fondo la natura e, conseguentemente, i modi di intervento nel campo economico ed energetico.Si potrebbe, forse, porre la questione in questi termini: l'uomo, con la sua intelligenza e libera volontà, non fa altro che conoscere e valorizzare le energie che si trovano nel mondo, e che sono a lui esterne, ovvero dalla sua intelligenza e volontà scaturiscono delle vere e proprie energie nuove, che si assommano a quelle presenti nel mondo e sono a lui esteriori?La nostra risposta è che l'uomo, con la sua coscienza e libera volontà, costituisce una vera e propria energia nuova, che non soltanto valorizza, ma arricchisce immensamente l'energia già presente nel mondo. Una forte obiezione a quanto qui affermato potrà essere fatta dalla fisica, e ancor più dalla teologia. Da due diversissimi punti di vista, ambedue diranno che l'uomo non può creare e che, quindi, non si concepisce un suo reale apporto di nuova energia nel mondo.Dal punto di vista teologico, è senz'altro indiscutibile che l'uomo non può propriamente creare. E tuttavia questa affermazione va in qualche modo ridimensionata. È certamente Dio che crea l'essere umano che nasce al mondo, ma ciò non avviene se non attraverso la cooperazione dell'uomo - tanto è vero che si parla di "procreazione". In questo caso, almeno, sarebbe difficile negare che l'opera dell'uomo, se pure coordinata con l'azione creatrice di Dio, non apporta nel mondo una nuova fonte di energia. La stessa fisica dovrebbe interrogarsi se ha il diritto, di fronte alla novità costituita dalla nascita di una nuova creatura umana, di ribadire che "nulla si crea e nulla si distrugge". Credo che nessuna persona al mondo accetterebbe di essere considerata un "non essere", un qualche cosa, cioè, che non aggiunge nulla all'essere del mondo, il quale sarebbe rimasto, dopo la sua nascita, esattamente quello che era prima. Abbiamo, dunque, almeno il caso della nascita di nuove creature umane - ovviamente lo stesso ragionamento andrebbe esteso anche al mondo biologico incosciente, ma ora ci soffermiamo sul caso umano, che è quello che sperimentiamo personalmente nel più intimo del nostro essere - in cui l'uomo appare, se non creatore, "pro-creatore" di nuove energie. Se è così, perché non provare ad ampliare il principio della pro-creazione anche ad altri ambiti dell'esperienza umana? Ogni uomo apporta al mondo, come fatto più facilmente intuibile, la sua forza fisica. Ma essa non può essere in alcun modo separata dalle facoltà superiori che la dirigono: l'intelligenza e la volontà. Ora, dall'intelligenza e dalla volontà sorgono reltà sempre nuove, che dirigono e potenziano l'azione umana, con effetti immensamente efficaci anche sulla realtà fisica del mondo.Sappiamo che Marx aveva teorizzato la cosiddetta "concezione materialistica della storia", datta "materialismo storico". Ma, nella sua teoria, cosa serebbero gli agenti "materiali" che condizionano l'agire umano? Egli parla di "mezzi di produzione", come realtà "economiche" che, in quanto tali, rientrerebbero in una sfera "materiale". Ma è evidente che né i mezzi di produzione, né le dinamiche dell'economia, né il convergere insieme delle masse operaie per le realizzazioni del lavoro e per una comune "lotta di classe" sono concepibili se non come effetti dell'intelligenza e della volontà umana. Non si potrebbe, anzi, usando il termine in senso analogo, parlare, anche in questo caso, di "procreazione"? È evidente che l'energia che deriva da un solo uomo viene immensamente moltiplicata quando, grazie all'opera dell'intelligenza e della volontà, essa si unisce in cooperazione per un unico scopo condiviso con un numero incalcolabile di altri individui. È stato Marx stesso, prendendo lo spunto da Proudhon, ad affermare che l'opera di collaborazione di un gruppo di uomini associati è molto di più della somma dell'opera di ciascun individuo considerato separatamente. Ma questo principio si risolve necessariamente nel riconoscimento dell'energia "pro-creativa" dell'intelligenza umana, la quale sola è in grado di "creare" i principi unitari che raccolgono insieme, per un unico scopo, le volontà e le opere di individui diversi.Se questa osservazione è esatta, la "concezione materialistica della storia" si ribalta automaticamente in una "concezione intellettualistica e volontaristica della storia". Ma a questo punto, l'espunzione dai fattori determinanti del processo storico della dimensione ideale, morale e spirituale, propugnata da Marx, appare pretestuosa e infondata. Se il cosiddetto "materialismo" si rivela, in raltà, un intellettualismo volontaristico, ogni pretesa negazione dell'elemento cosciente e spirituale dell'uomo si fonde come neve al sole. La dimensione intellettuale e volontaria dell'uomo, come può manifestarsi nella sua attività di ideazione e "creazione" dei mezzi di produzione e di organizzazione del lavoro e della lotta di classe, così può manifestarsi in ogni altro ambito dell'interesse e dell'attività umana.Facciamo l'esempio della musica. Gli elementi primi del suono sono dati in natura, ma soltanto nella coscienza dell'uomo essi si manifestano nella luce dell'intelligenza. A questo punto l'uomo è in grado di elaborare tutto il mondo dei suoni, adattando a questa elaborazione anche le strutture materiali del mondo - come il legno, le fibre animali e vegetali, i metalli etc.Da tutta questa elaborazione nascono "creazioni" sonore che precedentemente non esistevano e che sono tanto reali da smuovere intere masse di popolo e ingenti risorse economiche, per la "creazione" di spazi adatti alla esecuzione delle opere musicali, di strumenti, di scuole di musica, di mezzi per permettere a ingenti gruppi di persone di usufruire della "realtà" musicale che è stata "creata". Tutti questi effetti visibili e tangibili, anche dal punto di vista economico, evidentemente sono causati da qualche cosa di reale, e non dal nulla! E le nuove realtà tangibili, costituite dall'adattamento di materiali naturali per la costruzione di strumenti, gli effetti sonori ottenuti, sia dai singoli strumenti, sia dal loro insieme, e i mutamenti che, di riflesso, essi hanno sul comportamento non solo umano, ma anche animale, non hanno qualche cosa di molto analogo alla "procreazione"? Simili osservazioni dalla musica possono essere trasferite ai più diversi ambiti, come la medicina, l'architettura, l'agricoltura, la politica, l'arte militare e ovviamente la creatività spirituale, caritativa e genialmente operativa della religione. Allargando ulteriormente la nostra prospettiva, possiamo estendere anche al mondo naturale incosciente ciò che si manifesta in forma cosciente nel mondo umano. Infatti, come la procreazione umana è preceduta dalla fecondità del mondo biologico naturale, così l'intelligenza cosciente dell'uomo presuppone la struttura intelligibile della natura, cioè la presenza in natura di forme conoscibili. Vi è, dunque, una sorta di continuità e di connaturalità tra la natura e la vita umana, sia a livello biologico, sia a livello di coscienza intellettiva.Se ora ritorniamo alla prospettiva sapienziale di cui abbiamo a lungo discusso, dobbiamo vedere nella natura l'opera del Verbo creatore, che "semina" nel mondo ancora incosciente le forme intelligibili, le quali sono un riflesso del Logos divino, come anche la fecondità "procreativa" - ad un livello incosciente, e perciò di grado inferiore alla procreazione umana - che ne riflette la divina fecondità creativa, a sua volta immagine della processione trinitaria.Tutti questi "semi del verbo" assurgono, nell'uomo, alla dimensione della coscienza e della libertà. Ed ora giungiamo al punto cruciale della nostra riflessione. Se vi è continuità tra la creazione della natura e la sua assunzione nella coscienza umana e tra la procreazione inferiore incosciente animale e la procreazione cosciente dell'uomo, vi è continuità anche a livello energetico tra l'energia creata nella natura, l'energia "procreata" biologicamente nel mondo animale, l'energia "ricreata" dall'intelligenza umana attraverso l'assunzione delle forme naturali nella dimensione nuova della coscienza e l'energia "procreata" dalla fecondità cosciente dell'uomo. Ma non basta. Ricordiamo il principio metafisico del primato dell'atto - in questo caso dell'Atto Puro -: a questa scala ascendente di "connaturalità" nell'ambito dell'energia, bisogna aggiungere un nuovo superiore gradino: l'energia apportata nel mondo dalla nascita dello stesso Verbo divino nella natura umana, concepito per opera dello Spirito Santo nel grembo della Vergine Maria, e da lui diffusa, tramite la partecipazione alla sua vita, a tutto il genere umano.Le conseguenze di questa visione sapienziale del problema dell'energia sono immense. Esse, infatti, ci porteranno ad introdurre nella sostanza più profonda della problematica energetica ed economica quelle dimensioni spirituali e morali che una miope visione materialistica aveva programmaticamente escluso.

XVII

Per proseguire correttamente il filo di queste ultime riflessioni, con le quali ci avviamo alla conclusione del nostro lavoro, conviene richiamare le circostanze che le hanno suscitate. Tutto è nato dall'espressione "combustibili fossili", più volte incontrata negli scritti di un autorevole economista, presentati quali fonte primaria di quella energia che ha permesso al genere umano, nelle generazioni recenti, di elevarsi ad un più alto grado di benessere e di civiltà.

Il richiamo dei "combustibili fossili" ha condotto naturalmente la riflessione sul fatto che la relativa immensa riserva di energia è derivata dal patrimonio biologico della flora e della fauna delle antiche età della terra. Dunque quella "forma" che, nella fisica di Aristotele come nelle tendenze attuali della biologia, conferisce al mondo vivente una qualità ontologicamente superiore al mondo inorganico, e che si distingue sostanzialmente dagli elementi materiali che compongono i corpi, è anche una eccezionale fonte di energia, la quale, perciò, non esisterebbe senza di essa in così grande abbondanza. E questa "forma" dei corpi viventi si perpetua e si moltiplica attraverso la generazione biologica, la quale, dunque, è già una sorta di "procreazione", se pure incosciente, che contraddice all'assunto dogmatico "nulla si crea, nulla si distrugge".

Cosa avviene, dunque, con l'apparire del mondo umano, e quindi della coscienza e della libera volontà? La prima cosa da sottolineare è la continuità e la connaturalità tra l'essere cosciente dell'uomo e il mondo naturale, dal quale esso emerge con il miracolo della coscienza.La coscienza, infatti, come porta all'atto dell'intelligenza le forme intelligibili che danno senso al mondo naturale, inorganico e organico, così conferisce alla generazione biologica, senza snaturarla, una luce nuova, cioè la luce della conoscenza e dell'amore cosciente e volontario.

Ma la continuità e la connaturalità tra le forme del mondo vivente e l'emergente coscienza umana, che abbiamo sottolineato, ci conducono a supporre che il mistero dell'energia si trasferisca dall'inferiore stadio incosciente al superiore stato cosciente con una sorta di salto qualitativo.

Per fare una esempio eloquente, vi è una salto di qualità in geometria tra la dimensione lineare, la dimensione piana e la dimensione solida. Le tre dimensioni sono tra loro incommensurabili e vi è, tra le inferiori e le superiori, un rapporto come tra finito e infinito. Rispetto alla linea la superficie rappresenta un infinito, come, a sua volta, rispetto alla superficie il solido rappresenta un infinito.

Non possiamo dire lo stesso del passaggio dall'inorganico all'organico e dall'organico incosciente e all'organico cosciente? Il rapporto tra l'uno e l'altro grado, supposto come un rapporto tra finito e infinito, non si potrebbe applicare al rapporto tra le ricchezza di energia presente nei tre differenti stadi? Se così fosse, si potrebbe sostenere che, come la ricchezza di energia presente nel mondo inorganico - senza considerare per il momento il problema dell'energia nucleare, che, in ogni caso, diviene utilizzabile soltanto attraverso l'opera dell'intelligenza umana - viene moltiplicata all'infinito con l'apparire del mondo organico, così la ricchezza di energia presente nel mondo organico viene moltiplicata all'infinito con l'apparire del mondo cosciente.

Supponiamo che questo modello sia esatto. Dobbiamo chiederci: come misurare l'energia che si rivela nel mondo cosciente? Evidentemente non con gli stessi criteri che usiamo per lo stadio qualitativamente inferiore, rappresetato dal mondo organico incosciente - infatti tra i due vi è un rapporto come tra finito e infinito, e come non possiamo usare misure di superficie per determinare i solidi, così non pssiamo usare misure dell'energia proprie del mondo incosciente per il mondo cosciente. A questo punto la questione cruciale è di determinare quali sono i caratteri del mondo cosciente che ne determinano la perfezione e quali, viceversa, i caratteri che ne impediscono la piena espansione, e lo rendono, perciò, incompleto e imperfetto - perché, ovviamente, soltanto in presenza di esseri coscienti che hanno attuato la perfezione del loro stato potremo parlare di una ricchezza di energia pienamente realizzata.

Ovviamente tali caratteri vanno cercati in ciò che costituisce il "proprio" dell'essere cosciente, cioè la conoscenza e la volontà. Difetti di conoscenza e di volontà, se non eliminano lo stato dell'essere cosciente, ontologicamente superiore rispetto al mondo incosciente, ne minano, tuttavia, la consistenza.

Se il salto di qualità dal finito all'infinito, per quanto riguarda la ricchezza di energia, sta nell'apparire stesso della coscienza, e perciò nella possibilità di un'appropriazione consapevole e di un'elaborazione protraibile all'infinito delle energie disponibili, la perfezione dell'essere cosciente, da questo punto di vista, consisterebbe nella conoscenza il più possibile ampia e corretta delle energie disponibili e nella volontà di usarle opportunamente. Ora la conoscenza o consapevolezza di questa ricchezza di energie non può limitarsi alla loro presenza nel mondo incosciente, ma deve necessariamente estendersi anche allo stesso mondo cosciente, nel senso cioè, che l'uomo deve prendere atto di quali sono le condizioni che gli permetteranno di appropriarsi delle energie e di elaborarle, tramite la conoscenza e la volontà, per scopi conformi alla propria reale perfezione nel mondo, rispetto al quale egli è in posizione dominante, grazie al suo essere cosciente, ma anche in un rapporto di continuità e di connaturalità.

Se ora richiamiamo i caratteri della condizione umana, come essi appaiono dalla nostra visione sapienziale, risulterà che l'intelligenza dell'uomo può trovare la sua perfezione soltanto quando, con l'apparire della donna, gli si svela il regno dell'amore, quale carattere proprio dello Sprito Santo, che agisce nel mondo in comunione con il Verbo creatore - cosicché l'azione coordinata dell'uno e dell'altro viene a costituire quella che la teologia ortodossa chiama la "Divina Sofia".

Il peccato originale ha offuscato l'opera dell'amore, e dello Sprito Santo, nella costruzione e nello sviluppo della società umana, poiché l'uomo, avendo sconvolto il suo ordine interiore, ha, conseguentemente, sconvolto anche l'ordine della sua azione nel mondo. La sua intelligenza si è rivolta prevalentemente alla conquista dei beni del mondo per il proprio benessere materiale e la sua volontà si è esaltata nell'affermazione orgogliosa della propria autonomia, mentre l'amore, trovandosi offuscato nel suo ruolo spirituale superiore, si è pericolosamente inclinato verso una prevalenza della sua dimensione biologica.

Se Cristo e Maria hanno offerto agli uomini un modello di vita umana rigenerata, attuabile efficacemente con la potenza della grazia divina, ciò non impedisce, tuttavia, al peccato di continuare ad agire nella storia degli uomini, quando essi si chiudono al dono della redenzione cristica. Ora, nella condizione di peccato dell'uomo, una moltiplicata disponibilità di energia, non costituirà, inseme a nuove opportunità di realizzazione dell'autentico bene umano, anche un fortissima tentazione, per l'uomo, di abusare delle nuove forze disponibili al fine di moltiplicare una conquista dei beni del mondo intesa esclusivamente come mezzo di soddisfazione dei propri appetiti, sempre più illimitati, e di titanica "hybris", insofferente di ogni legge e di ogni regola?

Questa tentazione, che ovviamente porta a violare l'integrità del ruolo assegnato all'essere cosciente nel mondo, può essere superata soltanto se si ristabilisce l'ordine interiore dell'uomo, con la subordinazione dell'uso dei beni del mondo al regno dell'amore, il quale implica l'umile rispetto per l'ordine stabilito nel mondo dalla Divina Sofia.

Ciò, per quanto si è detto, esige che venga ristabilito il ruolo superiore della donna, e quindi la dignità del matrimonio, la subordinazione ad esso ed ai suoi fini di tutta la vita amorosa del genere umano e l'irradiazione, su quest'ultima, del superiore amore verginale di Cristo, di Maria e delle anime consacrate.

Solo se l'uomo, in continuità e connaturalità con la procreazione incosciente, attuerà, nella procreazione cosciente, il fine superiore di tutta la creazione, di portare nella vita del mondo la presenza operante del Verbo creatore e dello Spirito Santo, il suo rapporto con l'energia accumulata dalla vita primitiva sulla terra non sarà di indebito sfruttamento per una conflittuale esasperazione dei propri appetiti e per una sconfinata esaltazione del proprio orgoglio smisurato, ma di umile e fraterno servizio reciproco, nel rispetto delle leggi del mondo biologico.

E in questa prospettiva appare chiaramente che il maltusianesimo, lungi dal

risovere, come si propone di fare, il problema dell'energia, contribuendo in misura sostanziale a sconvolgere, anziché a sanare, la vita amorosa del genere umano, non fa che aggravarlo smisuratamente.
Possiamo suggerire che la coscienza illuminata dalla Divina Sofia possa risolvere anche il problema di un retto uso di quelle energie nucleari che l'intelligenza dell'uomo peccatore, svilcolata dalle finalità superiori dell'amore e del rispetto per le leggi di Dio, ha ricercato principalmente, se non esclusivamente, per aumentare le proprie opportunità di godimento, di sopraffazione e di autoesaltazione.
Supponendo che il ragionamento fin qui condotto sia fondato su solidi argomenti, non possiamo non concludere che proprio la disgregazione dell'ordine dell'amore tra l'uomo e la donna, che ai nostri tempi conosce un grado forse mai visto prima, attuandosi in tragica concomitanza con il vertiginoso aumento della disponibilità di energia, minaccia di condurre il genere umano ad abusi smisurati e autodistruttivi in una misura assolutamente inedita nella storia del mondo.

CONCLUSIONE

Se quanto è stato esposto fin qui risulta fondato, è qui assolutamente necessario richiamare quanto già affermava all'inizio del secolo XX Friedrich Wilhelm Förster: se l'educazione umana si indirizzava al solo sviluppo delle conoscenze tecniche, in una visione puramente nozionistica, rivolta sostanzialmente al dominio della natura per servire l'appagamento dei sempre crescenti desideri umani di godimento, inevitabilmente il genere umano sarebbe andato verso la degenerazione morale. Alla prospettiva, già al suo tempo in via di realizzazione, di una civiltà esclusivamente tecnica, egli opponeva la necessità di realizzare una "civiltà dell'anima", in cui la formazione umana avrebbe dovuto mettere al primo posto l'educazione della volontà e il dominio dello sprito sugli appetiti e sulle forze naturali. L'errore che egli denunciava era una scuola intellettualistica - cioè di istruzione esclusivamente mentale e non di formazione morale - e tecnica e un conseguente stravolgimento che poneva ciò che è è secondario nel centro e ciò che è essenziale al margine.Questa sua denuncia appare pienamente giustificata dai programmi di educazione che economisti ed organismi internazionali portano avanti in vista dello "sviluppo sostenibile": programmi puramente intellettualistici e tecnici, in cui tutto l'immenso impegno richiesto negli anni della formazione umana si concentra nell'acquisizione di competenze utili per l'utilizzo, possibilmente non distruttivo dell'ambiente, delle energie naturali. Dov'è in questa scuola ideale il posto della "civiltà dell'anima", reclamato con pieno diritto dal Förster? E se per essa non vi è alcun posto, non sarà ineluttabile, come la stessa esperienza dimostra, il trionfo di quella degenerazione morale che il Förster aveva profetizzato?Così egli, con mirabile concisione, descriveva, già nel 1917, la situazione della nostra gioventù, alla quale la comune educazione scolastica non si preoccupava, e ancor meno si preoccupa oggi, di apportare alcun rimedio: «La posizione della nostra gioventù può enunciarsi in questo modo: eccitazioni esteriori cresciute a dismisura, contro forze interiori di resistenza e contro preventivi esteriori sempre minori». Un millenino e mezzo prima del Förster San Benedetto aveva lucidamente avvertito che la scuola intellettualistica del mondo già al suo tempo portava alla degenerazione morale della gioventù. Per questo egli fuggì da quella scuola, dopo essercisi appena affacciato, e cercò un'altra strada, sotto lo sguardo di Dio. Il risultato della sua esperienza spirituale fu la creazione di una scuola alternativa: la scuola del servizio divino, che egli oppose a quella da cui era fuggito.Era giusta la critica fatta da San Benedetto alla scuola del mondo? Lo era, come lo era quella fatta dal Förster molto più tardi. Ciò significa che la scuola alternativa da lui creata non vale soltanto per poche persone che hanno scelto una vita particolare, ma ha un valore assolutamente universale, di rigenerazione di un'intera civiltà.Se dobbiamo prendere atto che una società come la nostra, che sempre più si appropria delle energie della natura, può essere salvata dal cedere alla tentazione sovrumana di un abuso smisurato delle energie che sono a sua disposizione soltanto da una rigenerazione interiore, che ristabilisca la giusta gerarchia delle forze e dei valori dell'uomo, ponendo la purezza dell'amore al culmine delle sue aspirazioni e purificando, così, la sua predisposizione all'uso dei beni terreni e all'affermazione della propria libertà da ogni sregolata "hybris", come si potrà ottenere questa rigenerazione, se non attraverso una scuola diversa da quella proposta dagli organismi internazionali, cioè la scuola di San Benedetto? Si dirà che la disciplina dei voti religiosi non si addice a chi si prepara ad entrare nel mondo valorizzando proprio quei superiori doni di Dio che sono l'amore, il dominio dei beni e la libertà. Ma a ciò bisogna rispondere che quei grandi doni divini, su cui si fonda la dignità e la felicità umana, sono anche la più gradi tentazioni all'abuso, che minacciano da sempre la vita dell'uomo e rischiano di condurlo alla più ingente rovina e infelicità, personale e colletiva. È, dunque, più che giusto che chi si prepara alla vita, e a far uso dei superiori doni di Dio, lo faccia purificando quei doni da ogni squilibrio che potrebbe svelarne l'aspetto demoniaco. Per questo i voti di verginità, povertà ed obbedienza, come sono la forza luminosa della vita consacrata a Dio, così dovrebbero essere la forza educativa di una gioventù che si prepara a rigenerare il mondo.A conclusione di queste riflessioni, protratte per molti mesi senza un preciso piano iniziale, ma con esiti che riteniamo di grande interesse, vorremmo giungere, dalla premessa di una visione sapienziale che intende sintetizzare in una sguardo unitario l'economia divina nella storia del mondo e i suoi riflessi nell'attuale tragica situazione di crisi del genere umano, alla conclusione pratica di proporre che dagli stessi monasteri claustrali si irradi una luce di salvezza, attraverso l'estensione della scuola di San Benedetto a tutta la gioventà moderna, in opposizione alle illusorie prospettive educative della miope e suicida strategia utilitarista promossa con tanto autoritarismo da quanti si presentano, senza alcun titolo legittimo, quali attuali guide delle nazioni.A questo fine abbiamo elaborato un programma frutto di approfondite reflessioni, in apparenza molto semplice, ma che, se realizzato, potrebbe avere imprevedibili conseguenze. Lo abbiamo illustrato nel seguente articolo:

LA SCUOLA BENEDETTINA DI ILUKHENA (SRI LANKA)

«Horis competentibus dentur quae danda sunt et petantur quae petenda sunt, ut nemo perturbetur neque contristetur in domo Dei».Regola di San Benedetto, cap. 31.La parola "economia" deriva dalle parole greche OIKOS NOMIA. Il loro significato è: la buona regolamentazione (nomia) della casa (oikos). La Regola di San Benedetto risponde perfettamente a questo scopo, ma vi aggiunge qualche cosa. Essa infatti vuole essere: la buona regolamentazione della casa di Dio.Ciò significa che la Regola di San Benendetto è il miglior trattato di economia, e la sua scuola è la miglior scuola di economia. Ogni comunità, e soprattutto ogni famiglia, dovrebbe seguire questa scuola. Ma la nostra comunità benedettina deve dare il buon esempio. Perciò il nostro maggiore impegno sarà di saper ben regolare la nostra casa, che è anche la casa di Dio. Che cosa dobbiamo imparare per realizzare questo progetto? Non dobbiamo apprendere le scienze allo scopo di diventare dotti, capi di impresa o insegnanti. Dobbiamo acquisire le virtù, le buone disposizioni e le abilità necessarie per saper ben regolare, attraverso la collaborazione e il servizio fraterno, la vita quotidiana della casa.Dobbiamo perciò acquisire la disponibilità ad alzarci presto la mattina, a porre attenzione alle necessità della casa e dei nostro fratelli più che agli interessi personali, ad impegnarci in ogni genere di servizio utile, anche quelli che richiedono un grande sforzo fisico, come fare le pulizie, lavare, cucinare, curare le piante e gli animali, assistere gli infermi e gli anziani, educare i bambini e i giovani etc. Dobbiamo, insomma, seguire l'insegnamento e l'esempio di Cristo, che è venuto per servire, non per essere servito, e per darci l'esempio di prendere la nostra croce ogni giorno.Nelle comunità religiose vi è la regola che ai novizi, durante il noviziato, è proibito fare studi umanistici o scientifici, tranne per ciò che attiene alla la Sacra Scrittura, alla storia monastica e a simili materie, utili per la formazione spirituale. Infatti nella scuola di San Bennedetto - e lo stesso dovrebbe valere per ogni buona scuola - acquisire buone disposizioni di condotta di vita è più importante che non acquisire la sola istruzione della mente. Perciò il principale impegno nella nostra scuola benedettina di Ilukhena deve essere posto nell'acquisizione dell'autocotrollo nell'umile servizio dei fratelli e della comunità, della pazienza nei lavori e nei compiti gravosi, della puntualità agli atti comuni, della carità nella vita fraterna, della disponibilità al perdono delle offese, della rinuncia al proprio interesse per servire la comunità, dell'attenzione alle necessità della casa, del linguaggio benevolo e gentile. Una giornata nella vita di una comunità - e di una famiglia - dovrebbe avere un orario ben regolato, e il più grande impegno di tutti dovrebbe essere posto nel rispettarlo. I fratelli devono alzarsi alla stessa ora la mattina presto in modo da essere pronti per il primo atto della giornata. Questo primo atto dà ad essa il suo carattere proprio. Se si incomicia la giornata guardando qualche insulsaggine alla televisione, tutta la giornata sarà segnata da sentimenti insulsi. Al contrario, la giornata nella casa di Dio deve incominciare con la preghiera, in modo che la luce di Dio possa imprimersi nelle anime dei fratelli per tutto il giorno.Ma la preghiera deve avere qualità tali da renderla capace di imprimersi profondamente negli animi - come la moderna pubblicità cerca di impressionare la gente con immagini, luci, musica etc. Alla cattiva scuola del mondo dobbiamo opporre la buona scuola di Dio. Perciò la preghiera deve essere arricchita con la grande tradizione artistica della Chiesa: belle chiese, pitture, statue, abiti, riti, lettura espressiva della Sacra Scrittura, predicazione coinvolgente, poesia, canto, esempi delle vite dei santi etc. Ciò significa che nella nostra scuola dobbiamo coltivare queste cose, non per amore di erudizione, ma per l'edificazione delle anime. L'impressione che la luce di Dio imprime nelle anime con questi mezzi le spinge poi a dedicarsi con generosità ai doveri quotidiani.Non dobbiamo dimenticare che nei tempi passati i monasteri hanno protetto e conservato le ricchezze della cultura umana. Mentre la società esterna diventava incivile, brutale e incolta, i monaci nei monasteri coltivavano le utili scienze e l'educazione e copiavano i libri preziosi della civiltà umana - in quel tempo non esisteva ancora la stampa e tutti i libri dovevano essere copiati a mano.Oggi ci troviamo in una situazione analoga. Infatti le persone, e soprattutto i giovani, affascinati dalla modernità e dalla continua produzione di nuovi mezzi, sempre più disprezzano e ignorano le ricchezze della cultura umana del passato: istruzione, arte, poesia, musica, begli esempi di vita etc. Così essi non sanno che cosa stanno perdendo e la loro vita diviene sempre più incivile attraverso la corruzione del linguaggio, dei sentimenti e dei costumi. I monaci, e le famiglie che seguono il loro esempio, hanno anche la missione di preservare, contro l'obio e il disprezzo, le immense ricchezze della civili tradizioni umane. Dobbiamo, perciò, creare biblioteche e raccolte di opere utili - musica, arte, conoscenze etc. - al fine di proteggerle dalla dispersione e farle conoscere ai giovani.Dobbiamo, dunque, organizzare la nostra scuola

1. La prima cosa da ricordare è che questa non è una scuola di erudizione ricercata per se stessa, ma una scuola di buona regolamentazione della vita quotidiana che si vive insieme nella casa e nella casa di Dio. Perciò ogni cosa deve essere fatta nel rispetto dell'orario della comunità e delle necessità dei fratelli e della casa. Se sto studiando o facendo un lavoro e suona la campana di un atto comune, devo interrompere il mio interesse personale per attendere all'interesse della comunità, e se un fratello o un'altra persona richiede la mia attenzione, devo lasciare il mio lavoro o il mio studio per prestare caritatevolmente attenzione al mio prossimo.

2. Per realizzare una preghiera bella e capace di imprimersi negli animi dobbiamo coltivare le seguenti discipline:Sacra Scrittura e formazione religiosa nella tradizione spirituale e dottrinale rinnovata per il nostro tempo
Liturgia (libri, riti, decorazioni, storia etc.)
Agiografia
Latino
Musica e canto - soprattutto canto gregoriano e musica di chiesa
Arte (architettura, scultura, pittura etc.)
3. Per tenere la chiesa e la casa in ordine dobbiamo acquisire le seguenti capacità:
pulizie
lavaggio
cucina
coltivazione di piante e animali
cura degli anziani e degli infermi
etc.
4. Per conservare le ricchezze della cultura umana dobbiamo coltivare le seguenti conoscenze e abilità:
scienze
saperi (lingue classiche e moderne, letteratura, storia etc.)
poesia e teatro
musica
arti
etc.
5. Tanto per la conservazione della cultura religiosa e civile quanto per il carattere della nostra fondazione italiana, dobbiamo coltivare la lingua italiana - la quale ha un'importanza mondiale per il suo posto nella vita religiosa cattolica, nella poesia e soprattutto nella musica e nel canto.
Questa scuola è soprattutto per i nostri giovani confratelli. Fin dall'inizio della loro vita religiosa essi devono trovare, con il consiglio dei loro superiori e direttori spirituali, in quali delle suddette conoscenza e abilità devono principalmente impegnarsi per il bene della casa di Dio e per il loro proprio bene.
Ma la nostra scuola intende essere utile anche per le famiglie e per i giovani. Perciò, tra le altre cose, abbiamo anche il progetto di accogliere come ospiti per qulche giorno alcuni ragazzi - e in un monastero femminile alcune ragazze - in modo che essi possano condividere la nostra vita e la nostra scuola. Stando con noi impareranno:

1. Ad alzarsi presto la mattina
2. Ad incominciare la giornata con la preghiera
3. A dedicarsi con pazienza insieme durante la mattina a lavori utili per la casa: pulizie, lavaggio, giardinaggio etc.
4. Ad essere gentili, rispettosi, a saper perdonare le offese, ad evitare parole volgari e scortesi
5. Ad evitare spuntini tra i pasti e a comportarsi correttamente e con sobrietà durante il pranzo e la cena, senza televisione, smartphone, lettura di giornali, ma attenti alla conversazione fraterna. I cellulari sranno ritirati agli ospiti e ridati loro soltanto per un breve tempo durante la ricreazione.
6. Ad esercitarsi e ad imparare, durante il pomeriggio, la vera sapienza spirituale cristiana, riaffermata di fronte alle sfide del nostro tempo, la corretta lettura in chiesa, il canto, tanti aspetti dell'immenso patrimonio della civiltà umana - letteratura, poesia, teatro, arte, musica etc. - ad usare correttamente, per questo scopo, i moderni mezzi elettronici.
7. A fare l'esame di coscienza all'inizio dell'ultima preghiera della giornata e a riconoscere apertamente i loro difetti nell'osservanza, durante il giorno trascorso, delle regole della vita quotidiana della comunità. Prima dell'ultima preghiera per un tempo non troppo lungo essi possono vedere qualche cosa di bello e utile alla televisione o con altri mezzi. Dopo l'ultima preghiera devono andare a riposare in silenzio.
8. Speriamo che i nostri giovani ospiti sappiano apprezzare questo stile di vita, così diverso dal disordine della comune vita moderna, e decidano di continuare ad osservarlo, aiutandosi reciprocamente e mantenendo un contatto con il monastero, nella loro vita di tutti i giorni. Se vogliono, possono formare un gruppo dal nome di "Gioventù benedettina".

Printed by Books on Demand GmbH, Norderstedt / Germany